이화 한국어

이화 한국어 Workbook 3-2

지은이 구재희 · 현진희 · 이소영 · 황선영 · 김민선

펴낸날 1판 1쇄 2011년 10월 14일
7쇄 2022년 3월 18일

펴낸이 정은경 **펴낸곳** 이화여자대학교출판문화원
주소 서울특별시 서대문구 이화여대길 52(우 03760) **등록** 1954년 7월 6일 제9-61호
전화 02) 3277-2965(편집), 02) 362-6076(마케팅)
팩스 02) 312-4312 **전자우편** press@ewha.ac.kr **홈페이지** www.ewhapress.com

책임편집 이혜지, 민지영 **디자인** design **Vita** **일러스트** 이지영

ISBN 978-89-7300-932-9 14710
978-89-7300-875-9 (세트)
값 10,000원

* 잘못된 책은 구입처에서 바꾸어 드립니다.

이화여자대학교 언어교육원
Ewha Womans University
Ewha Language Center

이화 한국어

구재희 · 현진희 · 이소영 · 황선영 · 김민선 지음

Workbook 3-2

KOREAN Ewha

책을 펴내면서

이화여자대학교 언어교육원은 국내 최초의 의사소통 중심 교재 『말이 트이는 한국어(Pathfinder in Korean)』를 발간한 지 12년 만에 새로운 의사소통 중심 교재 『이화 한국어(Ewha Korean)』를 발간하게 되었습니다. 지난 10여 년 동안 『말이 트이는 한국어(Pathfinder in Korean)』는 세계 각국에서 한국어 교재로 널리 사용되어 왔으며 현재까지도 외국인들에게 한국어 학습의 좋은 길잡이가 되고 있습니다. 그러나 새로운 시대 흐름에 맞춘 교재 집필이 필요하다고 생각되어 언어교육원에서는 2008년부터 『이화 한국어(Ewha Korean)』 개발에 착수하였으며, 교육과학기술부의 '2009 한국어 연수 프로그램 지원사업'에 선정되어 교재 개발에 박차를 가할 수 있게 되었습니다. 그리고 지난 일 년 간 언어교육원 한국어 과정에서 몇 차례의 시험 사용, 수정 작업을 거쳐 발간하기에 이르렀습니다. 『이화 한국어(Ewha Korean)』 시리즈는 1급에서 6급까지 총 30권의 교재와 연습서로 구성되며, 앞으로 단계적으로 발간될 예정입니다.

『이화 한국어(Ewha Korean)』는 말하기 · 듣기 · 읽기 · 쓰기의 통합 교재이며 초급부터 고급까지 연계적으로 구성되어 있습니다. 이 교재는 네 가지 언어 기능의 균형 있는 발전을 유도하면서도 특히 말하기 능력을 강화하도록 고안된 것이 특징입니다. 말하기 연습을 유도하는 장치로 'Try it'을 활용하였는데 이것은 외국인 학습자가 주도적으로 대화를 이끌어 갈 수 있도록 담화 순서와 문장의 핵심어를 담은 것입니다. 이 장치를 따라 말하기 연습을 함으로써 학습자는 단순 암기 방식에서 벗어나서 주도적으로 대화를 이끌어 가는 능력을 기를 수 있을 것입니다. 또한 최근 학습자 성향과 편의를 고려하여 1~3급은 교재를 두 권으로 구성하였으며, 1급과 2급은 영어, 일본어, 혹은 중국어(간체, 번체)로 설명을 넣는 등 세밀하게 학습자 요구를 반영하고자 하였습니다.

이화여자대학교 언어교육원을 대표하여, 『이화 한국어(Ewha Korean)』가 출간되기까지 이 책의 저자들이 쏟은 열정과 노고에 대해서 깊은 감사를 드립니다. 또한 내용 구성에 많은 조언을 해 주신 이해영, 김영규, 최형용, 박선희 교수님께 감사의 말씀을 드리며, 문학 부분에 조언을 해 주신 김현자 교수님께도 감사의 말씀을 드립니다. 또한 편집과 출판을 맡아 주신 이화여자대학교출판문화원에도 고마움을 전합니다.

앞으로 『이화 한국어(Ewha Korean)』가 국내외에서 한국어 교재로 널리 활용되어 한국어를 쉽고 재미있고 효과적으로 교수 · 학습하는 데 기여하기를 기대합니다.

2010년 6월

이화여자대학교 언어교육원

원장 양 혜 순

차례

Workbook 구성표

단원	제목	내용		
		어휘	준비합시다	말해 봅시다
8	공연	공연 관련 어휘 -거리다	-ㄴ/는대요 -기에 -냬요, -재요, -(으)래요 -다니	공연 정보 전달하기 메시지 전달하기 표현 기대 이상이었다고 말하기 비싼 가격만큼 가치 있다고 말하기 좋다는 감정 강조해서 말하기 간단한 식사 제안하기
9	문제 해결	문제 관련 어휘 -되다	-아/어지다 -아/어야지요 -나 보다 -(으)ㄹ 리가 없다	노트북 고장 설명하기 분실 장소 추측하기 표현 약속 미루기/고장 원인 묻기 분실에 대한 놀람 표현하기/분실 가능성 없음 말하기
10	꿈과 현실	꿈 관련 어휘 헛-	-ㄴ/는다면 -(으)ㄹ지도 모르다 -(으)ㄴ/는 편이다 -았/었더라면	복권에 당첨된 상황 상상해서 말하기 이루지 못한 꿈에 대해 말하기 표현 부러움 표현하기/추측에 동의하기 의외라고 말하기/후회함을 말하기
11	사건과 사고	사고 관련 어휘 -받다	피동사 -아/어 놓다 -(으)니까 -아/어 있다	무서운 사건 경험 말하기 도둑맞은 후 경찰에게 상황 설명하기 표현 다음 상황 설명 재촉하기/무서웠던 정도 표현하기 원인 추측해서 말하기/없어진 물건 말하기
12	직장 생활	직장 관련 어휘 -쟁이	-았/었으면 좋겠다 -(으)ㄴ/는지 -(으)ㄴ/는 데다가 -다 보니까	조퇴 허락 구하기 학교생활의 고민 말하기 표현 허락 구하기/경솔한 생각 지적하기 심각하게 고민하는 것 말하기 누구나 같은 생각을 한다고 말하기
13	대인 관계	대인 관계 관련 어휘 얼굴 관련 어휘	-(으)려던 참이다 -느라고 -(으)ㄹ 수밖에 없다 -(으)ㄴ/는 김에	친구 설득하기 동료의 부탁 거절하기 표현 전화하려고 했다고 말하기/좋은 기회라고 설득하기 바쁜 정도 표현하기/상대방의 거절에 괜찮다고 말하기
14	외국 생활	외국 생활 관련 어휘 맨-	-(으)ㄴ/는 척하다 -(으)ㄴ 채로 -(으)ㄹ 뻔하다 -(으)ㄹ 테니까	친구 집을 방문한 경험 말하기 아파트 생활에 대한 정보 주기 표현 사실과 다르게 행동한 점 말하기/실수한 친구 위로하기 이웃 초대하기/인용해서 말하기
15	인생과 선택	인생 관련 어휘 미래 관련 어휘	-아/어 오다 -곤 하다 -다 보면 -(으)려다가	존경하는 사람에 대해 말하기 계획을 포기하려는 친구 설득하기 표현 포기하려는 친구 설득하기/칭찬에 겸손하게 답하기 시간이 빨리 지나갔음을 표현하기 상대방의 말을 인정하면서 말끝 흐리기

내용	
읽어 봅시다	써 봅시다
여행담을 쓴 이메일 읽기 공연 포스터 읽기	공연 감상문 쓰기
시계에 얽힌 실수담 읽기 외국인 등록증 분실 문의에 대한 글 읽기	환불을 요청하는 글 쓰기
띠에 대한 설명의 글 읽기 복권 당첨자 조사 결과에 대한 글 읽기	새에 대한 예시의 글 쓰기
하숙집에 대한 추억의 글 읽기 목격자 찾는 글 읽기	사무실 묘사의 글 쓰기
면접시험에 대한 글 읽기 아르바이트에 대한 공고문 읽기	면접시험을 본 하루 일과에 대한 글 쓰기
설득의 기술에 대한 설명의 글 읽기 대인 관계에 대한 고민 상담의 글 읽기	사람들의 행동을 유형별로 분류하는 글 쓰기
추석맞이 행사에 대한 신문 기사 읽기 외국 생활 관련 공고문 읽기	문화 차이에 대한 경험의 글 쓰기
꿈을 향한 도전에 대한 글 읽기 인터넷 잡지에 실린 기사 읽기	미래의 자신에게 보내는 글 쓰기

Workbook 구성과 사용법

- 『이화 한국어 Workbook 3-1』, 『이화 한국어 Workbook 3-2』는 『이화 한국어 3-1』, 『이화 한국어 3-2』에 맞춰 개발된 연습서입니다. 이 연습서는 교재 내용에 대해 보충 학습, 심화 학습이 가능하도록 설계하였으며, 교실 내 수업과 개인 학습에서 모두 사용할 수 있도록 개발하였습니다.
- 『이화 한국어 Workbook 3-1』, 『이화 한국어 Workbook 3-2』는 교재 구성에 맞춰 **어휘** ⇨ **준비합시다** ⇨ **말해 봅시다** ⇨ **읽어 봅시다** ⇨ **써 봅시다**로 구성하였습니다.

어휘 단원의 주요 어휘에 대한 연습입니다. 이 부분에서 다룬 어휘들은 단원의 필수 어휘이므로 반드시 학습자가 기억해야 하는 내용들입니다.

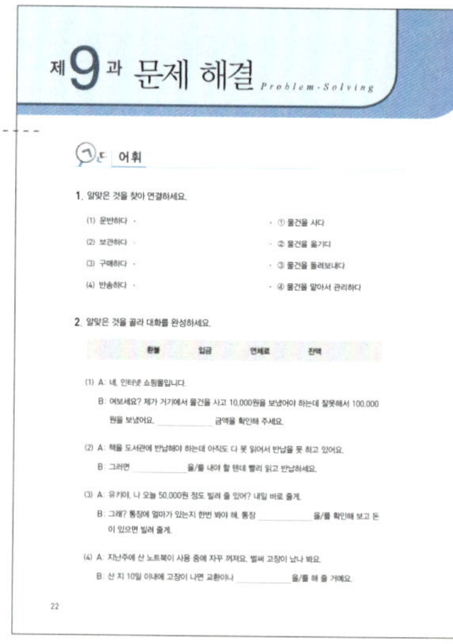
제9과 문제 해결 Problem-Solving

어휘

1. 알맞은 것을 찾아 연결하세요.

(1) 운반하다 · · ① 물건을 사다
(2) 보관하다 · · ② 물건을 옮기다
(3) 구매하다 · · ③ 물건을 돌려보내다
(4) 반송하다 · · ④ 물건을 맡아서 관리하다

2. 알맞은 것을 골라 대화를 완성하세요.

환불 입금 연체료 잔액

(1) A: 네, 인터넷 쇼핑몰입니다.
B: 여보세요? 제가 거기에서 물건을 사고 10,000원을 보냈어야 하는데 잘못해서 100,000원을 보냈어요. ________ 금액을 확인해 주세요.

(2) A: 책을 도서관에 반납해야 하는데 아직도 다 못 읽어서 반납을 못 하고 있어요.
B: 그러면 ________ 을/를 내야 할 텐데 빨리 읽고 반납하세요.

(3) A: 유키야, 나 오늘 50,000원 정도 빌려 줄 있어? 내일 바로 줄게.
B: 그래? 통장에 얼마가 있는지 한번 봐야 해. 통장 ________ 을/를 확인해 보고 돈이 있으면 빌려 줄게.

(4) A: 지난주에 산 노트북이 사용 중에 자꾸 꺼져요. 벌써 고장이 났나 봐요.
B: 산 지 10일 이내에 고장이 나면 교환이나 ________ 을/를 해 줄 거예요.

22

준비합시다 단원의 문법 항목에 대해 1~2개의 연습을 제시하여 정확한 문법 사용 능력을 기를 수 있도록 설계하였습니다. 이 부분에서 다룬 연습 문제는 교재의 문법 학습 시에 함께 사용할 수 있으며, 학습자 스스로 복습 자료로 사용할 수도 있습니다.

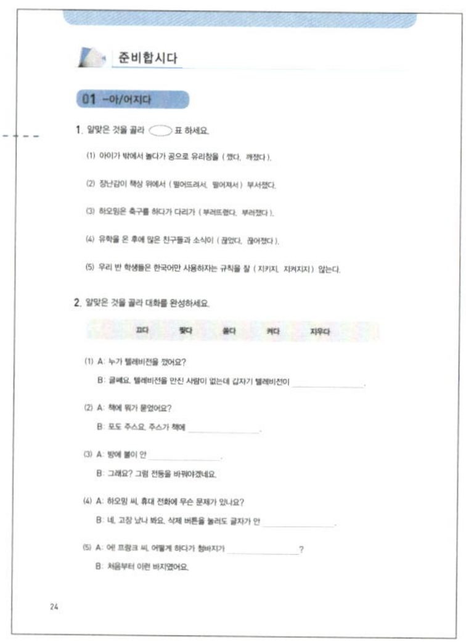
준비합시다

01 -아/어지다

1. 알맞은 것을 골라 ◯ 표 하세요.

(1) 아이가 밖에서 놀다가 공으로 유리창을 (깼다, 깨졌다).
(2) 장난감이 책상 위에서 (떨어뜨려서, 떨어져서) 부서졌다.
(3) 하오밍은 축구를 하다가 다리가 (부러뜨렸다, 부러졌다).
(4) 유학을 온 후에 많은 친구들과 소식이 (끊었다, 끊어졌다).
(5) 우리 반 학생들은 한국어만 사용하자는 규칙을 잘 (지키지, 지켜지지) 않는다.

2. 알맞은 것을 골라 대화를 완성하세요.

끄다 찢다 쏟다 켜다 지우다

(1) A: 누가 텔레비전을 켰어요?
B: 글쎄요. 텔레비전을 만진 사람이 없는데 갑자기 텔레비전이 ________.

(2) A: 책에 뭐가 묻었어요?
B: 포도 주스요. 주스가 책에 ________.

(3) A: 방에 불이 안 ________.
B: 그래요? 그럼 전등을 바꿔야겠네요.

(4) A: 하오밍 씨, 휴대 전화에 무슨 문제가 있나요?
B: 네, 고장 났나 봐요. 삭제 버튼을 눌러도 글자가 안 ________.

(5) A: 에! 프랑크 씨, 어떻게 하다가 청바지가 ________?
B: 처음부터 이런 바지였어요.

24

말해 봅시다 단원의 Part 1, 2에서 다룬 표현(기능 표현)과 말하기 과제를 연습하는 부분입니다. 워크북의 대화는 교재의 말하기 과제와 상황은 유사하지만 내용이 일부 변형되어 있으므로 교재 학습 후에 추가 자료로 사용할 수 있습니다. 변형된 말하기 대화를 읽고 표현과 내용 이해를 점검할 수 있는 연습 문제도 포함되어 있습니다.

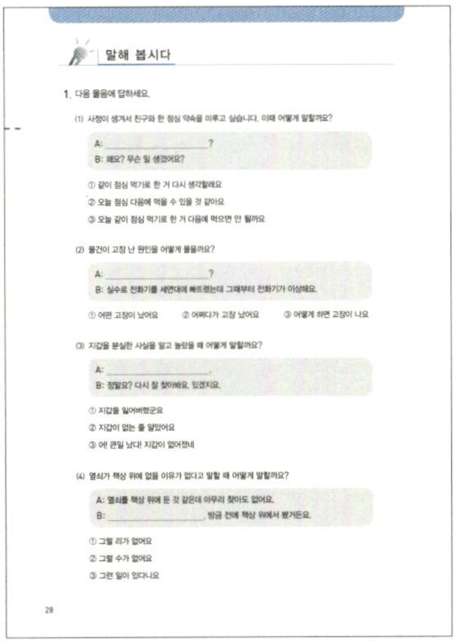
말해 봅시다

1. 다음 물음에 답하세요.

(1) 사정이 생겨서 친구와 한 점심 약속을 미루고 싶습니다. 이때 어떻게 말할까요?

(2) 물건이 고장 난 원인을 어떻게 물을까요?

(3) 지갑을 분실한 사실을 알고 놀랐을 때 어떻게 말할까요?

(4) 열쇠가 책상 위에 없을 이유가 없다고 말할 때 어떻게 말할까요?

읽어 봅시다 단원 주제와 관련된 내용의 읽기 2개를 제시하였습니다. 첫 번째 '읽기'는 학습자가 다양한 유형의 글을 접할 수 있도록 단원의 읽기와는 다른 유형의 글을 제시하였습니다. 두 번째 '읽기'는 생활에서 흔히 접할 수 있는 실제 자료를 제시하였습니다.

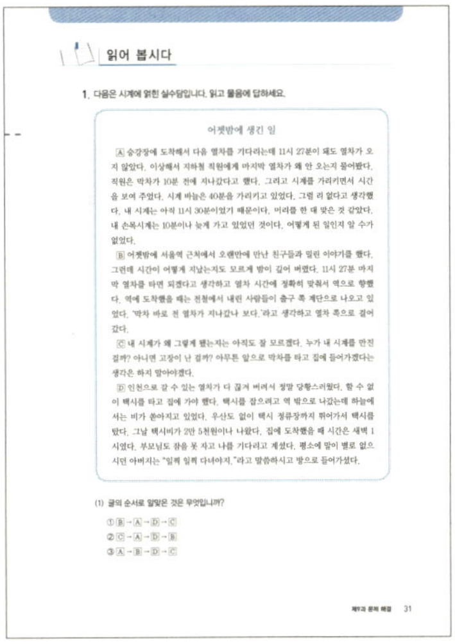
읽어 봅시다

1. 다음은 시계에 얽힌 실수담입니다. 읽고 물음에 답하세요.

어젯밤에 생긴 일

(1) 글의 순서로 알맞은 것은 무엇입니까?

써 봅시다 단원의 주제와 관련된 내용의 쓰기 과제를 제시하였습니다. 학습자의 부담을 줄여 주고자 정보를 제공하고 그것을 참고로 글을 쓸 수 있도록 구성하였습니다. '정답' 부분에 모범글을 제시하였으므로 학습자 스스로 확인 학습이 가능할 것입니다.

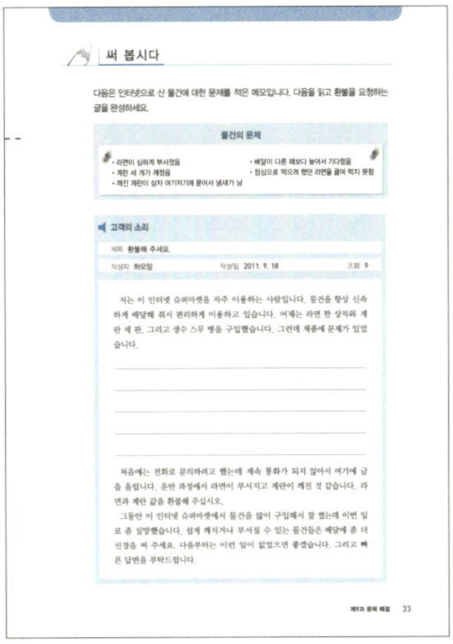
써 봅시다

물건의 문제

고객의 소리

제 8 과 공연 *Performance*

어휘

1. 알맞은 것을 골라 대화를 완성하세요.

연출하다	출연하다	흥행하다	평이 좋다

(1) A: 어제 새로 시작한 드라마 봤어요?

B: 그럼요. 제가 좋아하는 배우가 ______________ 당연히 봤죠.

(2) A: 이번 영화가 성공할까요?

B: 이창호 감독이 ______________ 작품은 믿을 만하니까 걱정하지 마세요.

(3) A: 이 연극은 작년에 관객이 100만 명을 넘었다고 해요.

B: 이렇게 어려운 내용의 작품이 ______________ 쉽지 않은데 대단하네요.

(4) A: 요즘 볼 만한 뮤지컬 있어?

B: 신문에서 봤는데 '지킬 박사'라는 뮤지컬이 감동적이라고 ______________.

2. 알맞은 것을 골라 문장을 완성하세요.

가슴이 뛰다	재미를 더하다	결혼식을 올리다

(1) 이화밴드 콘서트에 다른 가수들이 출연해서 한층 ______________.

(2) 멀리서 걸어오는 그의 모습을 보는 순간 ______________ 시작했다.

(3) 두 사람은 10년 연애 후에 마침내 다음 달에 ______________.

3. 알맞은 것을 골라 대화를 완성하세요.

적당하다	뛰어나다	어이없다	유치하다

(1) A: 아키라 씨가 1등에 당첨된 복권을 잃어버렸다면서요?

B: 네. 영수증하고 같이 버렸대요. 정말 ____________________.

(2) A: 축하해요. 이번 시험에서 ____________________ 성적으로 합격하셨다면서요?

B: 뭘요. 운이 좋아서 성적이 좀 잘 나왔어요.

(3) A: 이 소설 어때요? 재미있어요?

B: 글쎄요. 아이들이 읽기에는 괜찮겠지만 어른들이 읽기에는 좀 ____________________.

(4) A: 죄송하지만 이 근처에 주차장이 있어요?

B: 주차장은 없지만 이 건물 뒤에 주차하기에 ____________________ 곳이 있어요.

4. 알맞은 것을 골라 대화를 완성하세요.

깔깔거리다	중얼거리다	꼬르륵거리다	두리번거리다

(1) A: 영민 씨, 왜 그렇게 이리저리 ____________________? 누구 찾고 있어요?

B: 혹시 제이슨 씨 봤어요? 조금 전까지 여기 있었는데 안 보이네요.

(2) A: 너무 배가 고파서 그런지 계속 ____________________.

B: 저도 배가 많이 고파요. 빨리 점심 먹으러 갑시다.

(3) A: 뭐라고? 내가 못 들어서 그러는데 다시 한 번 말해 줄래?

B: 어, 아니야. 그냥 혼자 ____________________.

(4) A: 나는 심각하게 한 말인데 친구들이 ____________________ 웃는 바람에 당황했어요.

B: 친구들도 별 생각 없이 웃었을 거예요. 너무 마음에 두지 마세요.

준비합시다

01 -ㄴ/는대요

1. 다음 보기와 같이 문장을 바꿔 쓰세요.

보기 아키라 씨가 나한테 "시험 잘 봐서 좋겠다."라고 했다.

⇨ 아키라 씨가 나한테 시험 잘 봐서 좋겠대요.

(1) 왕치엔 씨가 "우리 가족은 중국에서 살아요."라고 말했다.

⇨ ______________________.

(2) 제이슨 씨가 "오늘 제 생일이에요."라고 했다.

⇨ ______________________.

(3) 유키 씨가 "내일은 학교에 가지 않아요."라고 말했다.

⇨ ______________________.

(4) 율리아 씨가 "저는 이번 방학 때 프랑스에 여행 갈 거예요."라고 말했다.

⇨ ______________________.

2. 다음은 휴대 전화에 녹음된 음성 메시지입니다. 내용을 친구에게 전해 주세요.

▶ "줄리앙 씨, 저 마이클이에요. 잘 지내고 있지요? 다른 게 아니라 제가 다음 달에 갑자기 (1)귀국하게 됐어요. 그래서 가기 전에 한번 만나고 (2)싶어요. 유키 씨도 같이 만나면 좋겠는데 연락이 안 (3)되네요. 제가 내일 다시 (4)연락할게요."

줄리앙 유키 씨, 아까 마이클 씨가 저한테 음성 메시지를 남겼는데 다음 달에 갑자기 (1)______________. 그래서 가기 전에 한번 만나고 (2)______________. 유키 씨도 같이 만나면 좋겠다고 하는데 연락이 안 (3)______________.

유키 그래요? 저도 만나고 싶네요. 언제 만나기로 했어요?

줄리앙 아직 약속을 안 정했어요. 마이클 씨가 내일 다시 (4)______________.

02 -기에

1. 알맞은 것을 골라 대화를 완성하세요.

살다	가다	배우다	포기하다

(1) A: 오늘 비도 안 오고 별로 덥지도 않네요.

B: 그렇지요? 야외로 놀러 ________________ 날씨가 딱 좋아요.

(2) A: 큰일이에요. 월급 받을 때까지 만 원으로 살아야 돼요.

B: 정말요? 일주일 동안 ________________ 만 원은 부족할 거예요.

(3) A: 이번 시험은 포기할까 봐요. 너무 자신이 없어요.

B: 무슨 소리 하는 거예요? ________________ 아직 일러요. 시험 때까지 시간이 한 달이나 남았으니까 지금부터 열심히 공부하면 시험에 붙을 수 있을 거예요.

(4) A: 제 나이를 생각하면 지금 다른 언어를 ________________ 너무 늦은 것 같지요?

B: 아니에요. 늦었다고 생각할 때가 가장 빠른 때라고 하잖아요. 한번 배워 보세요.

2. 알맞은 것을 골라 글을 완성하세요.

가다	보다	찍다	등산하다

지난 주말에 그동안 말로만 듣던 북한산에 다녀왔다. 서울에서 아름다운 단풍을 구경하러 (1)________________ 북한산만큼 좋은 곳이 없다고 들었기 때문이다. 그리고 예쁜 단풍 사진을 (2)________________ 좋은 계절이었다. 계획에 없던 등산을 갑자기 가는 바람에 등산화를 준비 못 해서 (3)________________ 불편하고 힘들지 않을까 좀 걱정스러웠지만 빨강, 노랑, 주황색의 단풍이 나의 마음을 즐겁게 해 주었다. 그리고 정상에서 내려다본 경치는 정말 아름다워서 나 혼자 (4)________________ 아까웠다. 그동안 공부 때문에 바빠서 마음의 여유가 없었는데 오랜만에 편하고 즐거운 시간을 보냈다.

03 -냬요, -재요, -(으)래요

1. 다음 보기와 같이 문장을 바꿔 쓰세요.

보기 유키 씨가 "시간 나면 같이 차 한잔해요."라고 말했다.

⇨ 유키 씨가 시간 나면 같이 차 한잔하재요.

(1) 안나 씨가 "오늘 날씨가 어때요?"라고 물어봤다.

⇨ ______________________________.

(2) 마리 씨가 "오늘은 비가 오니까 외출하지 마세요."라고 말했다.

⇨ ______________________________.

(3) 흐엉 씨가 "이번 주 일요일에 같이 영화 보러 가자."라고 했다.

⇨ ______________________________.

(4) 율리아 씨가 "아이에게 과자를 주세요."라고 했다.

⇨ ______________________________.

2. 다음은 친구에게서 온 문자 메시지입니다. 내용을 다른 친구에게 전해 주세요.

> ✉ 흐엉 씨, 내일 소라 씨 (1)생일이죠? 내일 소라 씨랑 (2)만날 거예요? 아직 약속 안 했으면 오랜만에 같이 식사라도 (3)할까요? 제가 오후에 회의 때문에 전화를 못 받으니까 메시지를 (4)남겨 주세요.
>
> \- 제이슨

흐엉 소라 씨, 아까 제이슨 씨한테서 문자 메시지가 왔는데 내일 소라 씨 (1)__________ __________. 그리고 내일 소라 씨랑 (2)__________.
아직 약속 안 했으면 같이 식사라도 (3)__________.

소라 정말요? 제이슨 씨한테 같이 밥 먹자고 전화해야겠어요.

흐엉 참, 제이슨 씨가 오후에 회의 때문에 전화를 못 받으니까 메시지를 (4)__________ __________.

소라 알겠어요. 그럼 제가 제이슨 씨한테 메시지 보낼게요.

04 -다니

1. 다음 대화를 완성하세요.

(1) A: 내일이 벌써 방학이군요.

B: 네. 내일이 벌써 ________________ 시간이 정말 빨라요.

(2) A: 과학이 발달해서 20년 뒤에는 달나라에서 살 수 있지 않을까요?

B: 아무리 그래도 사람이 달나라에서 ________________ 말도 안 돼요.

(3) A: 글쎄, 흐엉 씨가 이번 시험에서 떨어졌대요.

B: 정말요? 항상 1등을 하던 흐엉 씨가 시험에서 ________________ 믿을 수 없어요.

(4) A: 프랑크 씨와 줄리앙 씨는 성격도 다른데 정말 친해요.

B: 그렇죠? 성격이 다른 두 사람이 ________________ 저도 정말 신기해요.

2. 알맞은 것을 골라 대화를 완성하세요.

쉽다	생기다	변하다	싸우다

(1) A: 이소라 씨가 결혼한대요. 서로 첫눈에 반해서 만난 지 두 달 만에 결혼을 결정했대요.

B: 와! 영화 속에만 있는 일인 줄 알았는데 그런 일이 ________________ 놀랍군요.

(2) A: 흐엉, 일어나 봐. 밤새 눈이 왔어.

B: 와! 저 멀리 보이는 산에도 눈이 온 모양이야. 이렇게 세상이 다 하얗게 ____________ 정말 놀라워.

(3) A: 시험 잘 봤어요? 문제가 아주 쉬웠다면서요?

B: 무슨 소리예요? 시험 문제가 ________________! 얼마나 어려웠는데요.

(4) A: 들었어요? 프랑크 씨가 줄리앙 씨랑 크게 싸웠대요.

B: 정말요? 그렇게 친하던 두 사람이 ________________ 의외이네요.

말해 봅시다

1. 다음 물음에 답하세요.

(1) 어떤 사실이 기대한 것보다 더 좋을 때 어떻게 말할까요?

A: 이 영화 생각보다 재미있네요.
B: 네. 저도 영화가 ____________________.

① 기대 이하였어요.

② 이렇게 기대했어요

③ 기대 이상으로 볼 만했어요

(2) 가격이 비싸지만 그만큼의 가치가 있을 때 어떻게 말할까요?

A: 신발이 예쁜데 가격이 너무 세군요.
B: 손님, ____________________. 신어 봐서 아시겠지만 아주 편해요.

① 비싸서 아깝네요

② 비싸도 제값을 해요

③ 비싸기는 하지만 충분하지요

(3) 좋다는 감정을 강조해서 말하고 싶을 때 어떻게 말할까요?

A: 방학을 하니까 그렇게 좋아?
B: 그럼, 그동안 얼마나 쉬고 싶었는데 ____________________?

① 왜 좋아 ② 좋을 수 없죠 ③ 안 좋을 수 있겠어

(4) 간단한 식사를 제안하고 싶을 때 어떻게 말할까요?

A: 지금 밥 먹기에는 시간이 너무 이른 것 같은데 어떡하지요?
B: 그럼 저녁 먹기 전에 ____________________?

① 대충 먹지 않았어요

② 너무 많이 먹지 말까요

③ 간단하게 요기라도 하는 게 어때요

2. 다음 대화를 읽고 물음에 답하세요.

줄리앙 율리아 씨, 공연 보는 거 좋아하지요? 지난번에 율리아 씨한테서 자주 공연을 보러 간다고 들은 것 같아서요.

율리아 네, 좋아해요. 좋은 공연은 ⓐ__________.

줄리앙 그럼 '난타'라는 공연도 봤겠네요.

율리아 아니요. '난타'는 아직 못 봤어요. 얘기는 많이 들어봤는데 어떤 공연이에요?

줄리앙 제 친구가 봤는데 배우들이 대사 없이 행동과 표정으로만 연기해서 외국인들이 보기에 ⓑ__________. 기대 이상으로 볼 만하대요.

율리아 그래요? 재미있겠네요.

줄리앙 그렇죠? 주방에서 벌어지는 이야기인데 공연이 정말 재미있고 웃긴대요.

율리아 그럼 우리도 보러 가요. 가격은 얼마 정도래요?

줄리앙 그런데 가격이 좀 비싸요. 한 5만 원쯤 한대요.

율리아 5만 원요? 와! 가격이 좀 센데요.

줄리앙 인터넷에서 봤는데 가격은 좀 비싸지만 돈이 하나도 아깝지 않대요. 그리고 단체로 예매하면 20%나 할인해 준대요.

율리아 와! 좋네요. 그럼 우리 반 친구들한테 물어봐서 같이 보러 가요.

(1) ⓐ에 들어갈 말로 알맞은 무엇입니까?

① 거의 보지 않아요

② 대체로 볼 수 없어요

③ 될 수 있으면 보려고 해요

(2) ⓑ에 들어갈 말로 알맞지 **않은** 것은 무엇입니까?

① 어울린대요 ② 제격이래요 ③ 안성맞춤이래요

(3) 대화의 내용과 같은 것은 무엇입니까?

① 단체로 예매해도 돈이 아깝다고 한다.

② 율리아 씨는 '난타'에 대해서 들어 본 적이 없다.

③ 두 사람은 다른 친구들과 함께 공연을 보러 가려고 한다.

3. 다음 대화를 읽고 물음에 답하세요.

왕치엔 여보세요?

흐엉 어, 난데. 안나가 이번 주에 '뮤직 뱅크' 녹화 방송 보러 같이 가재. 네가 좋아하는 이화밴드도 나온대.

왕치엔 '뮤직 뱅크' 녹화 방송에 이화밴드가 나온다고? 이화밴드가 나오는데 내가 안 갈 수 없지.

흐엉 그럼 같이 가는 거다. 토요일 오후 5시야.

왕치엔 그런데 표는 구했어? 내가 신청할까?

흐엉 아니, 안나가 표는 자기가 신청한다고 ⓐ__________. 내가 안나한테 네 것도 같이 신청해 달라고 할게.

왕치엔 어, 고마워. 와! 이화밴드 노래를 직접 듣게 되다니 ⓑ<u>정말 꿈만 같다</u>.

흐엉 네가 좋아할 줄 알았어.

왕치엔 그래? 그런데 녹화가 5시면 저녁 먹기가 애매하다. 넌 저녁 어떻게 할 거야?

흐엉 글쎄, 난 그냥 간단한 걸로 대충 때우고 갈 생각인데…….

왕치엔 그러지 말고 방송국 근처에 소문난 맛집이 있는데 방송 끝나고 한번 가 볼까? 오랜만에 맛있는 거 먹으면서 같이 이야기하자.

흐엉 나야 좋지. 와! 토요일이 정말 기대된다!

(1) ⓐ에 들어갈 말로 알맞은 것은 무엇입니까?

① 신경 쓰지 말래

② 신경 쓰지 말재

③ 신경 써야 한대

(2) ⓑ와 바꿔 쓸 수 있는 말은 무엇입니까?

① 의외이다　　② 정말 뜻밖이야　　③ 정말 믿을 수 없어

(3) 대화의 내용과 <u>다른</u> 것은 무엇입니까?

① '뮤직 뱅크' 녹화 방송에는 세 사람이 보러 갈 것이다.

② '뮤직 뱅크' 녹화 방송 관람 표는 각자 신청할 것이다.

③ '뮤직 뱅크' 녹화 방송이 끝난 후에 같이 저녁을 먹으러 갈 것이다.

읽어 봅시다

1. 다음은 여행을 하면서 친구에게 보낸 이메일입니다. 읽고 물음에 답하세요.

받는 사람 유키(yukygogosing@hanmail.net) 보낸 날짜 12월 26일

제목 낭만의 도시에서

안녕? 방학 잘 보내고 있지? 내가 유럽으로 배낭여행을 온 지 벌써 일주일이 지났네. 처음 이곳에 도착했을 때는 많이 낯설고 두려웠지만 이젠 아주 잘 지내고 있어. [A]

지금은 음악의 도시 오스트리아 빈에 있어. 이곳은 일 년 내내 음악이 흐르는 곳인데 여행자들이 즐기기에 다양하고 저렴한 클래식 공연이 많아. 이번 크리스마스에는 그동안 영화에 나온 클래식 곡들을 모아서 연주하는 공연이 있어서 일 년에 한 번 공연을 볼까 말까 한 나지만 음악의 도시에 온 기념으로 어제 그 클래식 공연을 보러 갔어. [B]

기대만큼 그 공연은 나의 모든 달콤한 상상을 만족시켜 주었어. 특히 마지막 피아노 연주는 나의 마음을 완전히 빼앗아 버렸는데 나의 마음을 찡하게 한 것은 공연 팸플릿에 실린 마지막 피아노 연주자에 대한 이야기야. 이 피아니스트는 원래 전공이 수학인데 대학교 때 피아노 곡에 빠져 피아노를 배우기 시작했대. 전공이 수학이라니 정말 놀랍지? 물론 이 피아니스트는 뒤늦게 피아노를 배우는 게 어려웠지만 자신이 사랑하는 피아노를 연주할 수 있어서 행복했대. 지금은 피아니스트로 활동하면서 뛰어난 실력을 인정받고 있대. 이 멋진 도시만큼 정말 멋진 이야기지? [C]

내일은 달콤한 추억을 만들어 준 이 도시를 떠나 독일로 갈 거야. 그곳에서는 어떤 추억을 만들게 될까 아주 기대가 돼. 그럼 크리스마스 잘 보내고 새해 복 많이 받아.

(1) 피아니스트에 대한 설명으로 맞는 것은 무엇입니까?

① 피아니스트는 어렸을 때부터 피아노를 배웠다.

② 피아니스트는 어렵게 피아노를 배웠지만 행복했다.

③ 피아니스트는 지금 실력을 인정받기 위해서 노력하고 있다.

(2) 다음 내용이 들어갈 부분으로 알맞은 곳은 어디입니까?

> 이 이야기를 듣고 조금만 어려운 일이 있어도 투덜거리던 내 자신이 부끄러웠어. 그리고 지금까지 바쁘게 살면서 지친 내 마음도 조금은 편안해지고 따뜻해지는 것을 느꼈어.

① [A] ② [B] ③ [C]

(3) 글의 내용과 **다른** 것은 무엇입니까?

① 이 글을 쓴 사람은 공연을 자주 본다.

② 이 글을 쓴 사람의 다음 여행지는 독일이다.

③ 이 글을 쓴 사람은 이제 여행하는 일에 많이 익숙해졌다.

2. 다음은 뮤지컬 포스터입니다. 읽고 물음에 답하세요.

> **구름빵 이야기**
>
> 아동 문학 작가 황순재 씨의 작품
>
> **『구름빵 이야기』**가 뮤지컬로 찾아갑니다!
>
> 꿈과 환상의 세계로 여러분을 초대합니다. 온 가족이 함께 즐기세요.
>
> **장소** : 이화아트센터
>
> **날짜** : 5월 1일 ~ 5월 20일
>
> * 가족 관람 시 30% 할인

(1) 글의 내용과 **다른** 것은 무엇입니까?

① 책을 뮤지컬로 만든 공연이다.

② 이 뮤지컬은 아이들만을 위한 공연이다.

③ 가족이 같이 관람하면 30% 할인받을 수 있다.

써 봅시다

다음은 '점프' 공연 관람 평입니다. 다음을 읽고 공연 감상문을 완성하세요.

'점프'를 보고 나서

지난주에 나는 친구와 같이 '점프' 공연을 봤다. 예전부터 이 공연을 본 친구들에게서 재미있다는 이야기를 많이 들었기 때문에 공연을 보러 가기 전부터 기대가 되고 가슴이 설렜다.

'점프'는 특이한 무술 가족의 집에 도둑이 들면서 벌어지는 이야기를 대사 없이 무술 액션과 코미디로 그린 뮤지컬이다. 배우들의 얼굴 표정과 무술 액션 연기에 공연을 보는 동안 웃음을 멈출 수가 없었다. 뮤지컬 '점프'의 가장 인상적인 점은

____

____

____

______________________ 공연 내내 그렇게 열정적으로 연기하다니 정말 대단하다는 생각이 들었다. 기대 이상이었다.

____

____

그리고 오랜만에 친구와 같이 웃으면서 좋은 시간을 보내서 그런지 친구와 사이가 더 좋아진 것 같아 기분이 좋았다. 다음 달에 가족이 한국에 오면 가족과 함께 또 보러 가야겠다.

제 9 과 문제 해결 *Problem-Solving*

어휘

1. 알맞은 것을 찾아 연결하세요.

(1) 운반하다 ·	· ① 물건을 사다
(2) 보관하다 ·	· ② 물건을 옮기다
(3) 구매하다 ·	· ③ 물건을 돌려보내다
(4) 반송하다 ·	· ④ 물건을 맡아서 관리하다

2. 알맞은 것을 골라 대화를 완성하세요.

> **환불**　　**입금**　　**연체료**　　**잔액**

(1) A: 네, 인터넷 쇼핑몰입니다.

B: 여보세요? 제가 거기에서 물건을 사고 10,000원을 보냈어야 하는데 잘못해서 100,000원을 보냈어요. ________ 금액을 확인해 주세요.

(2) A: 책을 도서관에 반납해야 하는데 아직도 다 못 읽어서 반납을 못 하고 있어요.

B: 그러면 ________ 을/를 내야 할 텐데 빨리 읽고 반납하세요.

(3) A: 유키야, 나 오늘 50,000원 정도 빌려 줄 있어? 내일 바로 줄게.

B: 그래? 통장에 얼마가 있는지 한번 봐야 해. 통장 ________ 을/를 확인해 보고 돈이 있으면 빌려 줄게.

(4) A: 지난주에 산 노트북이 사용 중에 자꾸 꺼져요. 벌써 고장이 났나 봐요.

B: 산 지 10일 이내에 고장이 나면 교환이나 ________ 을/를 해 줄 거예요.

3. ______에 공통으로 들어갈 단어를 고르세요.

(1)
- 갑자기 하늘에서 빗방울이 ______ 시작했다.
- 올해는 대학 입학시험에 ______ 내년에는 꼭 붙겠다.
- 나는 용돈을 받으면 며칠 사이에 다 써 버려서 용돈이 항상 금방 ______.

① 쏟아지다　　② 떨어지다　　③ 쓰러지다

(2)
- 검은색 옷은 옷에 먼지가 ______ 것이 잘 보인다.
- 냉장고가 없던 옛날에는 김치를 땅에 ______ 보관했다.
- 박 선생님은 수업을 마칠 때마다 질문이 있냐고 항상 ______.

① 두다　　② 묻다　　③ 꽂다

4. 알맞은 것을 골라 대화를 완성하세요.

변경되다	발명되다	판매되다	완공되다

(1) A: 자동차가 언제 ______ 알아요?
B: 1885년에 처음 만들어졌어요.

(2) A: 핸드폰을 사러 왔는데요.
B: 그러세요? 이것이 요즘 가장 많이 ______ 있는 상품입니다.

(3) A: 여보세요? 유키 씨, 왜 회의실에 아무도 안 오지요? 이미 회의 시간이 지났는데.
B: 못 들었어요? 과장님이 출장 가셔서 회의 시간이 ______.

(4) A: 내년에는 새로 지은 도서관에서 공부할 수 있대.
B: 그래? 도서관이 내년 몇 월에 ______?

준비합시다

01 -아/어지다

1. 알맞은 것을 골라 ◯ 표 하세요.

(1) 아이가 밖에서 놀다가 공으로 유리창을 (깼다, 깨졌다).

(2) 장난감이 책상 위에서 (떨어뜨려서, 떨어져서) 부서졌다.

(3) 하오밍은 축구를 하다가 다리가 (부러뜨렸다, 부러졌다).

(4) 유학을 온 후에 많은 친구들과 소식이 (끊었다, 끊어졌다).

(5) 우리 반 학생들은 한국어만 사용하자는 규칙을 잘 (지키지, 지켜지지) 않는다.

2. 알맞은 것을 골라 대화를 완성하세요.

끄다	찢다	쏟다	켜다	지우다

(1) A: 누가 텔레비전을 껐어요?

B: 글쎄요. 텔레비전을 만진 사람이 없는데 갑자기 텔레비전이 ________________.

(2) A: 책에 뭐가 묻었어요?

B: 포도 주스요. 주스가 책에 ________________.

(3) A: 방에 불이 안 ________________.

B: 그래요? 그럼 전등을 바꿔야겠네요.

(4) A: 하오밍 씨, 휴대 전화에 무슨 문제가 있나요?

B: 네, 고장 났나 봐요. 삭제 버튼을 눌러도 글자가 안 ________________.

(5) A: 어! 프랑크 씨, 어떻게 하다가 청바지가 ________________?

B: 처음부터 이런 바지였어요.

02 -아/어야지요

1. 다음 대화를 완성하세요.

(1) A: 민수야, 내일이 시험인데 게임 그만하고 ____________.

B: 네. 알겠어요. 지금부터 공부할게요, 엄마.

(2) A: 아차! 다음 주에 프랑스로 출장을 가는데 비행기 표 예매하는 것을 깜빡했네요.

B: 정말이에요? 그러면 지금이라도 빨리 ____________.

(3) A: 유키야, 그만 자고 빨리 일어나! 학교에 ____________.

B: 벌써 학교 갈 시간이야? 아, 더 자고 싶다.

(4) A: 제이슨 씨, 저녁 식사하러 같이 가요. 점심도 안 먹었는데 저녁 식사는 ____________.

B: 네, 같이 가요. 배가 많이 고프네요.

2. 알맞은 것을 골라 대화를 완성하세요.

먹다	듣다	물어보다	갔다 오다

(1) A: 엄마! 국 좀 다시 데워 주세요. 다 식었어요.

B: 지금 밥을 먹으면 어떡해! 아까 국이 따뜻했을 때 와서 ____________.

(2) A: 줄리앙 씨, 왜 오늘 회의에 안 왔어요? 혼자만 안 온 거 알아요?

B: 오늘 회의가 있었어요?

A: 네. 몰랐어요? 어제 회의 시간을 정할 때 얘기를 잘 ____________.

(3) A: 공연이 시작할 텐데 지금 화장실에 갔다 와도 괜찮을까요?

B: 지금요? 아까 화장실에 ____________.

(4) A: 이거 물 아니었어요?

B: 그거 술이에요. 마시기 전에 뭔지 ____________.

03 -나 보다

1. 알맞은 것을 골라 대화를 완성하세요.

오다	없다	마시다	결혼하다

(1) A: 유키 씨, 오늘도 손에 커피를 들고 있네요. 아침에 항상 커피를 ________________.

B: 네, 아침마다 커피를 마시는 게 습관이에요.

(2) A: 제이슨 씨가 곧 ________________. 결혼식장을 알아보고 있대요.

B: 그래요? 축하할 일이네요.

(3) A:누가 문을 두드리네요. 밖에 누가 ________________.

B: 그래요? 제가 나가 볼게요.

(4) A: 왜 이렇게 밥을 못 먹어요? 입맛이 ________________.

B: 아니에요. 점심 때 많이 먹어서 배가 불러서 그래요.

2. 알맞은 것을 골라 ◯ 표 하세요.

(1) A: 제이슨 씨, 감기에 (걸리나 봐요, 걸렸나 봐요). 계속 기침을 하네요.

B: 네, 이번 주 내내 감기 때문에 고생하고 있어요.

(2) A: 아빠! 신문에 나온 이 가수가 옛날에는 인기가 (많은가 봐요, 많았나 봐요). 아빠도 이 가수 CD를 많이 가지고 있잖아요.

B: 응, 아빠가 어렸을 때는 그 사람이 최고 인기 가수였어.

(3) A: 잔치 음식이 너무 많이 남았네요.

B: 네. 음식을 너무 많이 (준비하나 봐요, 준비했나 봐요).

(4) A: 유키 씨는 어디 갔어요? 안 보이네요.

B: 방금 약을 사러 약국에 가던데요. 유키 씨가 어디 (아픈가 봐요, 아팠나 봐요).

04 -(으)ㄹ 리가 없다

1. 알맞은 것을 골라 ◯ 표 하세요.

(1) A: 수진 씨가 회의에 왜 안 오죠? 회의 시간을 모르는 거 아니에요?

B: (모를 리가 없어요, 몰랐을 리가 없어요). 제가 회의 시간을 알려 줬거든요.

(2) A: 제이슨 씨가 출장을 갔다면서요?

B: 출장을 갔다고요? 출장을 (갈 리가 없어요, 갔을 리가 없어요). 방금 사무실에서 봤는데요.

(3) A: 아키라 씨가 오늘 회사에서 안 보이네요. 오늘 출근 안 했어요?

B: 출근을 (안 할 리가 없어요, 안 했을 리가 없어요). 아까 엘리베이터에서 봤거든요.

(4) A: 아들 생일 선물로 게임기를 샀는데 싫어하면 어떡하죠?

B: (싫어할 리가 없어요, 싫어했을 리가 없어요). 요즘 아이들이 게임기를 얼마나 좋아하는데요.

2. 다음 대화를 완성하세요.

(1) A: 냉장고에 있던 우유가 없어요.

B: 제가 방금 조금 마시고 다시 냉장고에 넣었는데 ____________________.

(2) A: 저 이번 시험에 떨어질 것 같아요.

B: ____________________. 그 점수면 충분히 붙을 거예요.

(3) A: 하오밍 씨가 아직 결혼식장에 안 온 것 같아요.

B: ____________________. 제가 방금 전에 봤거든요.

(4) A: 프랑크 씨가 자기는 영어를 전혀 못한대요.

B: 전에 프랑크 씨가 미국 사람하고 영어로 말하는 것을 봤는데 영어를 ____________

____________.

(5) A: 유키 씨가 한국말을 정말 잘하잖아요. 그런데 겨우 6개월밖에 안 배웠대요.

B: ____________________. 6개월 배우고 어떻게 그렇게 말을 잘할 수가 있겠어요.

말해 봅시다

1. 다음 물음에 답하세요.

(1) 사정이 생겨서 친구와 한 점심 약속을 미루고 싶습니다. 이때 어떻게 말할까요?

A: ____________________?
B: 왜요? 무슨 일 생겼어요?

① 같이 점심 먹기로 한 거 다시 생각할래요

② 오늘 점심 다음에 먹을 수 있을 것 같아요

③ 오늘 같이 점심 먹기로 한 거 다음에 먹으면 안 될까요

(2) 물건이 고장 난 원인을 어떻게 물을까요?

A: ____________________?
B: 실수로 전화기를 세면대에 빠뜨렸는데 그때부터 전화기가 이상해요.

① 어떤 고장이 났어요 ② 어쩌다가 고장 났어요 ③ 어떻게 하면 고장이 나요

(3) 지갑을 분실한 사실을 알고 놀랐을 때 어떻게 말할까요?

A: ____________________.
B: 정말요? 다시 잘 찾아봐요. 있겠지요.

① 지갑을 잃어버렸군요

② 지갑이 없는 줄 알았어요

③ 어! 큰일 났다! 지갑이 없어졌네

(4) 열쇠가 책상 위에 없을 이유가 없다고 말할 때 어떻게 말할까요?

A: 열쇠를 책상 위에 둔 것 같은데 아무리 찾아도 없어요.
B: ____________________. 방금 전에 책상 위에서 봤거든요.

① 그럴 리가 없어요

② 그럴 수가 없어요

③ 그런 일이 있다니요

2. 다음 대화를 읽고 물음에 답하세요.

줄리앙 소라 씨, 미안한데 오늘 약속 다음으로 미룰 수 있을까요?

이소라 왜요? 무슨 일 생겼어요?

줄리앙 네. 제 노트북이 고장 나서 서비스 센터에 가야 돼요. 그런데 오늘 점심 때밖에 시간이 안 돼서요.

이소라 그럼 그래요. 저도 얼마 전에 노트북 화면이 ⓐ_______________ 수리했었어요. 줄리앙 씨 노트북은 어디가 고장 났는데요?

줄리앙 자판이 고장 났어요. 자판을 눌러도 글자가 안 ⓑ_______________. 노트북을 못 쓰니까 불편한 게 많아요.

이소라 그렇겠네요. 그런데 어쩌다가 고장이 났어요?

줄리앙 며칠 전에 노트북 자판에 커피를 쏟았는데 그래서 고장 난 것 같아요.

이소라 노트북에 커피를 쏟았다고요? 그래서 어떻게 했어요?

줄리앙 깜짝 놀라서 커피를 닦았지요. 커피를 닦고 바로 썼을 때는 문제가 없었는데 하루가 지나고 고장 났어요.

이소라 노트북에 물이 들어갔을 때는 ⓒ_______________. 물기가 있는 상태로 전원을 켜면 기계가 완전히 고장 날 수도 있어요. 물기를 다 말린 후에 전원을 켜야 돼요.

줄리앙 그래요? 노트북을 산 지 얼마 안 됐는데 못 쓰게 되면 어떡하죠?

이소라 일단 서비스 센터에 가 보세요. 수리할 수 있을 거예요.

(1) ⓐ와 ⓑ에 들어갈 말로 알맞은 것은 무엇입니까?

	ⓐ	ⓑ
①	부서져서	깨져요
②	깨져서	써져요
③	켜져서	써져요

(2) ⓒ에 들어갈 말로 알맞은 것은 무엇입니까?

① 전원을 끄고 물기를 말리지그래요　② 전원을 끄고 물기를 말렸어야지요

③ 전원부터 끄고 물기를 말렸을 텐데요

(3) 대화의 내용과 <u>다른</u> 것은 무엇입니까?

① 이소라의 노트북은 고장 난 적이 있다.　② 두 사람은 점심을 같이 못 먹을 것이다.

③ 커피가 노트북에 쏟아지고 나서 노트북이 바로 고장 났다.

3. 다음 대화를 읽고 물음에 답하세요.

유키 어! 이상하다! 수첩이 없어졌네! 하오밍 씨, 저 수첩을 잃어버렸나 봐요.
하오밍 다시 잘 찾아봐요. 있겠지요.
유키 가방 안을 여기저기 다 봤는데 수첩이 안 보여요. 지갑이 없을 리가 없는데 이상하네요. 분명히 수첩을 가방에 넣고 나왔거든요.
하오밍 오늘 학교에 오기 전에 어디 들른 곳 없어요?
유키 학교에 오기 전에 커피숍에 들러서 커피를 마시고 나왔어요.
하오밍 커피숍에서는 수첩이 있었어요?
유키 네, 있었어요. 커피를 한잔하면서 할 일들을 수첩에 메모했거든요.
하오밍 그럼 ⓐ커피숍 말고는 간 곳 없어요? 잘 생각해 보세요.
유키 네. 커피숍 말고는 간 곳이 없어요. 커피숍에서 나와서 바로 학교로 왔거든요. 아마 수첩을 ⓑ＿＿＿＿＿＿＿＿.
하오밍 그러면 빨리 커피숍에 전화해서 수첩을 보관하고 있는지 물어보세요.
유키 수첩에 중요한 것들을 많이 적었는데 못 찾으면 어떡해요.
하오밍 중요한 물건은 잘 챙겼어야지요. 커피숍에 빨리 전화해 보세요.
유키 알겠어요. 하오밍 씨, 고마워요.

(1) ⓐ와 바꿔 쓸 수 **없는** 것은 무엇입니까?

① 커피숍에만 들렀어요　② 커피숍을 언제 들렀어요　③ 커피숍 말고 어디 간 곳 있어요

(2) ⓑ에 들어갈 말로 알맞지 **않은** 것은 무엇입니까?

① 커피숍에 놓고 왔나 봐요.

② 커피숍에 놓고 와 버렸어요.

③ 커피숍에 두고 온 모양이에요.

(3) 대화의 내용과 같은 것은 무엇입니까?

① 유키는 수첩에 중요한 것들을 적었다.

② 유키는 집에 가는 길에 커피를 마셨다.

③ 커피숍에서 유키의 수첩을 보관하고 있다.

읽어 봅시다

1. 다음은 시계에 얽힌 실수담입니다. 읽고 물음에 답하세요.

어젯밤에 생긴 일

[A] 승강장에 도착해서 다음 열차를 기다리는데 11시 27분이 돼도 열차가 오지 않았다. 이상해서 지하철 직원에게 마지막 열차가 왜 안 오는지 물어봤다. 직원은 막차가 10분 전에 지나갔다고 했다. 그리고 시계를 가리키면서 시간을 보여 주었다. 시계 바늘은 40분을 가리키고 있었다. 그럴 리 없다고 생각했다. 내 시계는 아직 11시 30분이었기 때문이다. 머리를 한 대 맞은 것 같았다. 내 손목시계는 10분이나 늦게 가고 있었던 것이다. 어떻게 된 일인지 알 수가 없었다.

[B] 어젯밤에 서울역 근처에서 오랜만에 만난 친구들과 밀린 이야기를 했다. 그런데 시간이 어떻게 지났는지도 모르게 밤이 깊어 버렸다. 11시 27분 마지막 열차를 타면 되겠다고 생각하고 열차 시간에 정확히 맞춰서 역으로 향했다. 역에 도착했을 때는 전철에서 내린 사람들이 출구 쪽 계단으로 나오고 있었다. '막차 바로 전 열차가 지나갔나 보다.'라고 생각하고 열차 쪽으로 걸어갔다.

[C] 내 시계가 왜 그렇게 됐는지는 아직도 잘 모르겠다. 누가 내 시계를 만진 걸까? 아니면 고장이 난 걸까? 아무튼 앞으로 막차를 타고 집에 들어가겠다는 생각은 하지 말아야겠다.

[D] 인천으로 갈 수 있는 열차가 다 끊겨 버려서 정말 당황스러웠다. 할 수 없이 택시를 타고 집에 가야 했다. 택시를 잡으려고 역 밖으로 나갔는데 하늘에서는 비가 쏟아지고 있었다. 우산도 없이 택시 정류장까지 뛰어가서 택시를 탔다. 그날 택시비가 2만 5천원이나 나왔다. 집에 도착했을 때 시간은 새벽 1시였다. 부모님도 잠을 못 자고 나를 기다리고 계셨다. 평소에 말이 별로 없으시던 아버지는 "일찍 일찍 다녀야지."라고 말씀하시고 방으로 들어가셨다.

(1) 글의 순서로 알맞은 것은 무엇입니까?

① [B] → [A] → [D] → [C]

② [C] → [A] → [D] → [B]

③ [A] → [B] → [D] → [C]

(2) 이 사람은 왜 막차를 놓쳤습니까?

___

(3) 글의 내용과 같은 것은 무엇입니까?

① 역에서 집까지 2시간이 넘게 걸렸다.

② 이 사람은 열차가 끊겨서 택시를 탔다.

③ 집에 돌아왔을 때 부모님은 주무시고 계셨다.

2. 다음은 인터넷에 올라온 외국인 등록증 분실 문의에 대한 답변입니다. 읽고 물음에 답하세요.

Q **외국인 등록증 분실** 답변: 2 | 조회: 3,453

dream0101 | 2011. 8. 13

외국인 등록증을 분실했는데 어떻게 다시 받을 수 있는지 알려 주세요.

A **re: 외국인 등록증 분실**

cool_Korea | 2011. 8. 14

출입국 관리소에 가시면 다시 만들 수 있습니다. 그런데 분실한 날로부터 14일 이내에 외국인 등록증을 신청해야 합니다. 외국인 등록증을 다시 신청하는 서류와 분실한 이유를 설명하는 서류, 여권, 사진, 수수료 1만원을 내면 외국인 등록증을 만들 수 있습니다. 도움이 되셨기를 바랍니다.

(1) 외국인 등록증을 다시 만들 때 필요하지 **않은** 것은 무엇입니까?

① 여권 ② 사진 ③ 이력서

(2) 글의 내용과 같은 것은 무엇입니까?

① 외국인 등록증은 무료로 다시 만들 수 있다.

② 외국인 등록증을 분실한 지 2주 안에 신청해야 한다.

③ 외국인 등록증을 다시 만들 때 분실한 이유를 설명하지 않아도 된다.

써 봅시다

다음은 인터넷으로 산 물건에 대한 문제를 적은 메모입니다. 다음을 읽고 환불을 요청하는 글을 완성하세요.

물건의 문제

- 라면이 심하게 부서졌음
- 계란 세 개가 깨졌음
- 깨진 계란이 상자 여기저기에 묻어서 냄새가 남
- 배달이 다른 때보다 늦어서 기다렸음
- 점심으로 먹으려 했던 라면을 끓여 먹지 못함

고객의 소리

제목 환불해 주세요.		
작성자 하오밍	작성일 2011. 9. 18	조회 9

저는 이 인터넷 슈퍼마켓을 자주 이용하는 사람입니다. 물건을 항상 신속하게 배달해 줘서 편리하게 이용하고 있습니다. 어제는 라면 한 상자와 계란 세 판, 그리고 생수 스무 병을 구입했습니다. 그런데 제품에 문제가 있었습니다.

____

____

____

____

____

처음에는 전화로 문의하려고 했는데 계속 통화가 되지 않아서 여기에 글을 올립니다. 운반 과정에서 라면이 부서지고 계란이 깨진 것 같습니다. 라면과 계란 값을 환불해 주십시오.

그동안 이 인터넷 슈퍼마켓에서 물건을 많이 구입해서 잘 썼는데 이번 일로 좀 실망했습니다. 쉽게 깨지거나 부서질 수 있는 물건들은 배달에 좀 더 신경을 써 주세요. 다음부터는 이런 일이 없었으면 좋겠습니다. 그리고 빠른 답변을 부탁드립니다.

Dreams & Reality

제10과 꿈과 현실

어휘

1. 알맞은 것을 골라 문장을 완성하세요.

적성	효도	상상력	외계인	평균수명

(1) 가장 큰 ____________은/는 부모님 마음을 편하게 해 드리는 것이다.

(2) 직업을 선택할 때는 그 일이 자신의 ____________에 맞는지 생각해 봐야 한다.

(3) 지구가 아닌 다른 별에 ____________이/가 살 것이라고 생각하는 사람들이 많다.

(4) 어릴 때 그림책을 많이 본 사람들은 ____________이/가 풍부하다는 연구 결과가 있다.

(5) 의학 기술의 발달로 인간의 ____________이/가 50년 전에 비해서 10세 이상 늘어났다.

2. 알맞은 것을 골라 대화를 완성하세요.

가정하다	마련하다	창업하다

(1) A: 아키라 씨, 졸업한 후에 뭐 할 거예요?

B: 졸업 후에 ____________ 계획이에요. 가게를 운영해 보고 싶어서요.

(2) A: 제이슨 씨, 드디어 집을 ____________? 축하드립니다.

B: 감사합니다. 요즘 집에 들어갈 때마다 기분이 좋아요.

(3) A: 어제 영화를 봤는데 지구가 멸망하는 상황을 ____________ 만든 영화였어요.

B: 그런 상황은 생각하고 싶지도 않네요.

3. 알맞은 것을 골라 문장을 완성하세요.

불행하다	여유롭다	차분하다

(1) 평소에 긍정적인 생각을 많이 하는 사람은 인생이 행복하다고 생각할 것이고, 부정적인 생각을 많이 하는 사람은 ________________ 생각할 것이다.

(2) 마리 씨는 성격이 ________________ 것 같다. 아무리 바빠도 끝까지 침착하게 일을 처리한다.

(3) 나는 주말에 따뜻한 커피를 마시면서 소설책을 읽는 ________________ 시간을 제일 좋아한다.

4. 알맞은 것을 골라 대화를 완성하세요.

헛수고	헛되다	헛살다	헛디디다

(1) A: 드디어 암 치료제를 개발하셨다고요?

B: 네. 이번에 개발된 암 치료제는 지난 20년간의 연구가 ________________ 않았음을 보여 준다고 할 수 있습니다.

(2) A: 아키라 씨가 다리가 부러져서 병원에 입원했대.

B: 아니, 어떻게 하다가 그랬대?

A: 계단을 급하게 내려가다가 발을 ________________ 넘어졌대.

(3) A: 내가 준비하던 프로젝트가 취소됐대.

B: 그것 때문에 며칠 동안 밤새웠잖아. 괜히 ________________ 만 했네.

(4) A: 오늘 내 생일이라고 친구들이 선물을 줬어. 지금까지 ________________ 않은 것 같아.

B: 와! 좋겠다. 역시 평소 친구들을 많이 도와주고 잘 챙겨 준 보람이 있구나.

준비합시다

01 -ㄴ/는다면

1. 알맞은 것을 찾아 연결하고 문장을 완성하세요.

(1) 동물로 다시 태어나다 ·	· ① 거북이가 되다
(2) 알라딘의 램프가 있다 ·	· ② 건강이 나빠지다
(3) 한 달 동안 햄버거만 먹다 ·	· ③ 환경오염이 줄다
(4) 사람들이 자동차를 타지 않다 ·	· ④ 건강하게 오래 살게 해 달라고 하다

(1) 동물로 다시 ______________________.

(2) 알라딘의 램프가 ______________________.

(3) 한 달 동안 햄버거만 ______________________.

(4) 사람들이 자동차를 ______________________.

2. 알맞은 것을 골라 ◯ 표 하세요.

(1) 만약 하루가 (25시간이라면, 25시간이면) 저는 운동을 한 시간 더 할 거예요.

(2) 봄이 (오면, 온다면) 꽃이 핀다.

(3) 만일 내일 지구가 (멸망한다면, 멸망하면) 저는 가족과 함께 시간을 보낼 거예요.

(4) 나는 한국어 책만 (읽는다면, 읽으면) 잠이 온다.

(5) 옛날로 (돌아갈 수 있다면, 돌아갈 수 있으면) 저는 20년 전으로 가고 싶어요.

02 -(으)ㄹ지도 모르다

1. 흐엉 씨가 약속 시간에 늦는 이유를 다음 보기와 같이 문장을 완성하세요.

보기 흐엉 씨가 자고 있을지도 몰라요.

(1) 흐엉 씨가 약속을 ________________.

(2) 교통사고가 ________________.

(3) 흐엉 씨가 약속 시간을 ________________.

(4) 길이 ________________.

(5) 흐엉 씨가 길을 ________________.

2. 알맞은 것을 골라 ⬭ 표 하세요.

(1) 오늘 저녁에 날씨가 (추워질지도 몰라요, 추워졌을지도 몰라요).

(2) 지금 가면 이미 표가 (매진될지도 몰라요, 매진됐을지도 몰라요).

(3) 시험 기간이니까 유키 씨는 지금 도서관에 (있을지도 몰라요, 있었을지도 몰라요).

(4) 율리아 씨는 공항에 벌써 (도착할지도 몰라요, 도착했을지도 몰라요).

03 -(으)ㄴ/는 편이다

1. 표를 보고 다음 보기와 같이 문장을 완성하세요.

		매우 못하다	못하다	보통이다	잘하다	매우 잘하다
보기	춤을 추다					
(1)	사진을 찍다					
(2)	바둑을 두다					
(3)	스노보드를 타다					

보기 마리 씨는 춤을 못 추는 편입니다.

(1) 아키라 씨는 ______________________________.

(2) 줄리앙 씨는 ______________________________.

(3) 유키 씨는 ______________________________.

2. 알맞은 것을 골라 대화를 완성하세요.

작다	먹다	가깝다	마시다

(1) A: 손님, 이 가로 줄무늬 티셔츠는 어떠세요?

B: 글쎄요. 저는 키가 ______________ 키가 커 보이는 옷이 좋겠어요.

(2) A: 줄리앙 씨 아까도 콜라를 마시지 않았어요? 또 마셔요?

B: 네. 저는 콜라를 많이 ______________.

(3) A: 안나 씨, 이번에 이사한 집 어때요?

B: 학교 다니기 편해져서 좋아요. 이사한 집이 학교에서 ______________.

(4) A: 아키라 씨, 소금을 너무 많이 넣는 거 아니에요?

B: 아, 제가 음식을 좀 짜게 ______________.

04 -았/었더라면

1. 표를 보고 다음 보기와 같이 문장을 완성하세요.

	원인	결과
보기	술을 많이 마셨다	건강이 나빠졌다
(1)	일기예보를 안 들었다	우산을 챙기지 않았다
(2)	엄마에게 거짓말을 했다	엄마에게 꾸중을 들었다
(3)	시험공부를 열심히 안 했다	성적이 많이 떨어졌다

보기 술을 마시지 않았더라면 건강이 나빠지지 않았을 겁니다.

(1) 일기예보를 ______________________________.

(2) 엄마에게 거짓말을 ______________________________.

(3) 시험공부를 열심히 ______________________________.

2. 다음 대화를 완성하세요.

(1) A: 줄리앙 씨, 여행 간다고 하지 않았어요? 왜 안 갔어요?

B: 늦잠을 자서 기차를 놓쳤어요. 늦잠을 ______________________________.

(2) A: 흐엉 씨, 감기에 걸렸어요?

B: 네. 어제 옷을 얇게 입어서 감기에 걸렸어요. 옷을 ______________________________.

(3) A: 유키 씨, 눈이 부었네요. 어젯밤에 울었어요?

B: 아니요. 어젯밤에 라면을 먹고 잤어요. 라면을 ______________________________.

(4) A: 아키라 씨, 안경을 써요? 전에는 안경 안 썼었잖아요.

B: 텔레비전을 가까이에서 봐서 눈이 나빠졌어요. 텔레비전을 ______________________________

______________________________.

말해 봅시다

1. 다음 물음에 답하세요.

(1) 부러움을 표현할 때 어떻게 말할까요?

A: 글쎄, 사라 씨가 복권에 당첨돼서 1억을 받았대요.
B: 그래요? ______________________.

① 부러울 게 없어요

② 제가 사라 씨라면 좋겠어요

③ 그런 말을 들으니까 귀가 아파요

(2) 친구의 추측에 동의할 때 어떻게 말할까요?

A: 복권에 당첨되면 더 불행해질지도 몰라요. 돈이 행복을 가져다주는 건 아니잖아요.
B: ______________________.

① 그래야지요　② 그럴지도 몰라요　③ 그럴 리가 없어요

(3) 전혀 생각이나 예상을 하지 못했을 때 어떻게 말할까요?

A: 저는 성악가가 되는 게 꿈이었어요.
B: ______________________.

① 성악가가 될 만해요

② 성악가요? 그럴 것 같았어요

③ 성악가라니 정말 의외인데요

(4) 후회할 때 어떻게 말할까요?

A: 꿈을 포기할 때 아쉽지는 않았어요?
B: 그때는 아쉽지 않았어요. 그렇지만 요즘은 ______________ 는 생각이 들어요.

① 그러지 말걸 그랬다

② 그런 나를 좀 이해해 주면 좋겠다

③ 이제야 제가 그때 왜 그랬는지 알겠다

2. 다음 대화를 읽고 물음에 답하세요.

마리 흐엉 씨, 창호 씨 얘기 들었어요?

흐엉 아니요. 창호 씨에게 무슨 일 있어요?

마리 아니 글쎄, 창호 씨가 복권에 당첨돼서 1억을 받았대요.

흐엉 ⓐ__________________ 너무 좋겠네요. 그 돈으로 뭘 할 거래요?

마리 아직 결정을 못했대요.

흐엉 제가 창호 씨라면 제일 먼저 집을 살 것 같아요. 마리 씨는 복권에 당첨된다면 뭘 하고 싶어요?

마리 음……. ⓑ__________________ 가족과 여행을 갈 것 같아요.

흐엉 저도 여행도 가고 싶어요. 우리도 창호 씨처럼 복권에 당첨된다면 얼마나 좋을까요?

마리 복권에 당첨되면 더 안 좋을지도 몰라요. 복권에 당첨된 사람들이 오히려 불행하다는 신문 기사를 본 적이 있어요.

흐엉 그렇군요. 그래도 복권에 당첨되면 하고 싶은 것을 모두 할 수 있을 것 같은데……. 우리도 오늘 복권이나 사러 가 볼까요?

마리 흐엉 씨, 헛된 꿈 꾸지 말고 지금 하는 일을 열심히 합시다.

흐엉 아, 그래도 복권에 당첨된다면 너무 좋을 것 같아요.

(1) ⓐ에 들어갈 말로 알맞지 **않은** 것은 무엇입니까?

① 와! 진짜요? ② 정말요? 세상에……. ③ 전 그럴 것 같았는데

(2) ⓑ에 들어갈 말로 알맞은 것은 무엇입니까?

① 저는 만일 복권이 꽝이라면

② 저는 복권에 당첨될 거니까

③ 저는 만약에 복권에 당첨된다면

(3) 대화의 내용과 **다른** 것은 무엇입니까?

① 창호 씨는 당첨금으로 집을 살 예정이다.

② 창호 씨는 복권 당첨금으로 1억을 받았다.

③ 마리 씨는 복권에 당첨된다면 가족과 여행을 갈 것이다.

3. 다음 대화를 읽고 물음에 답하세요.

박영민 제이슨 씨는 어릴 때 꿈이 뭐였어요?
제이슨 저는 축구 선수가 되고 싶었어요.
박영민 축구 선수요? 정말 의외인데요.
제이슨 어릴 때부터 축구를 좋아하는 편이었거든요. 그리고 중학교 때는 잠깐 축구 선수를 하기도 했었어요.
박영민 그랬군요. 그런데 왜 축구를 계속하지 않았어요?
제이슨 축구 경기를 하다가 다리를 다쳤어요. 그래서 ⓐ______________.
박영민 정말 안타깝네요. 꿈을 포기할 때 아쉽지는 않았어요?
제이슨 그때는 별로 아쉽지 않았어요. 그런데 요즘 텔레비전으로 축구 경기를 보면 ⓑ'______________'하는 생각이 들 때가 있어요.
박영민 그럼 지금이라도 축구 동호회 활동을 해 보지그래요.
제이슨 저도 그러고 싶지만 요즘은 회사일 때문에 너무 바빠서 동호회 활동을 할 여유가 없어요.
박영민 그렇군요. 나중에라도 시간이 나면 축구 동호회에 가입해 보세요. 그리고 제이슨 씨에게는 지금 하고 있는 일도 잘 어울려요.
제이슨 네. 지금 하고 있는 일도 적성에 맞는 것 같아요. 그래도 만약 중학생 때로 돌아갈 수 있다면 다시 축구를 해 볼 것 같아요.

(1) ⓐ에 들어갈 말로 알맞지 않은 것은 무엇입니까?

① 의욕을 잃었어요 ② 포기하게 되었어요 ③ 최선을 다했어요

(2) ⓑ에 들어갈 말로 알맞지 않은 것은 무엇입니까?

① 그때 포기했더라면 나는 축구 선수가 되었을까?

② 계속 축구를 했다면 나도 축구 선수가 되었을 텐데…….

③ 그때 포기하지 않았더라면 나도 저기에서 뛰고 있었을까?

(3) 대화의 내용과 같은 것은 무엇입니까?

① 제이슨은 축구 감독이 되는 것이 꿈이었다.

② 제이슨은 축구 동호회 활동을 하려고 한다.

③ 제이슨은 지금 하고 있는 일이 자신에게 잘 맞는다고 생각한다.

읽어 봅시다

1. 다음은 띠와 오늘의 운세에 대한 글입니다. 읽고 물음에 답하세요.

한국 사람과 띠

여러분은 한국 사람을 처음 만난 자리에서 "혹시 띠가 어떻게 되세요?", "무슨 띠예요?"라는 질문을 받아 본 적이 있습니까? 한국 사람들은 나이를 직접적으로 묻는 대신에 띠를 물어보기도 합니다. '띠'는 사람이 태어난 해를 열두 동물 이름으로 가리키는 말입니다. 열두 동물로는 '쥐, 소, 호랑이, 토끼, 용, 뱀, 말, 양, 원숭이, 닭, 개, 돼지'가 있고, 이 순서대로 각각 한 해를 나타내는 동물이 됩니다. 예를 들어 1984년에 태어난 사람은 쥐띠이고 1985년에 태어난 사람은 소띠, 1986년에 태어난 사람은 호랑이띠입니다.

한국 사람들은 실생활에서 띠에 대해서 많이 말합니다. 예를 들어 새해를 맞이할 때 자신의 띠로 한 해를 예상해 보는 사람들도 있습니다. 또 아이가 태어나면 그 아이의 띠를 통해 미래를 예상해 보기도 하고, 결혼하기 전에 결혼 상대와 자신의 띠를 맞추어 보기도 합니다. 그리고 매일 아침 신문에도 띠에 따른 운세 부분이 있습니다. 여러분은 무슨 띠입니까? 여러분도 오늘의 운세를 재미로 한번 보는 건 어떨까요?

ⓐ ____________________

 친구가 기분 좋게 한턱낼 것이다.

 어려울 때 도와줄 사람을 만날 것이다.

 욕심을 부린다면 일이 더 복잡해질 것이다.

 큰 계획은 취소하는 게 좋다.

 헤어진 연인에게 연락이 올 지도 모른다.

 미리 준비했더라면 좋은 결과가 있었을 것이다.

 프로포즈하면 성공할 것이다.

 그동안 고생한 보람이 있다.

 가방을 잃어버리지 않도록 조심해야 한다.

 예상하지 못한 큰돈이 들어온다.

 가족에게 좋은 일이 생길 것이다.

 오늘은 여행을 가지 않는 게 좋다.

(1) ⓐ에 들어갈 말로 알맞은 것은 무엇입니까?

① 올해의 띠 ② 나에게 잘 맞는 동물 ③ 띠로 보는 오늘의 운세

(2) 오늘의 운세의 내용과 **다른** 것은 무엇입니까?

① 쥐띠: 친구가 밥을 사 줄 것이다.

② 닭띠: 갑자기 돈을 벌 수 있을 것이다.

③ 돼지띠: 걱정했던 일이 해결될 것이다.

(3) 글의 내용과 **다른** 것은 무엇입니까?

① 1987년에 태어난 사람은 토끼띠이다.

② 띠는 사람이 태어난 해를 동물로 나타내는 말이다.

③ 새해에 각자 좋아하는 동물로 한 해의 운세를 예상해 본다.

2. 다음은 복권 당첨자를 조사한 결과에 대한 글입니다. 읽고 물음에 답하세요.

지난해 복권 1등 당첨자를 대상으로 설문 조사한 결과, 복권을 산 이유가 '좋은 꿈을 꿔서'라고 답한 사람이 22%로 가장 많았고, 이어서 경제적인 어려움 때문이라고 답한 사람이 17%로 나타났다. 좋은 꿈을 꿔서 복권을 구입했다고 답한 사람들에게 어떤 꿈을 꿨냐고 물어본 결과는 다음과 같았다.

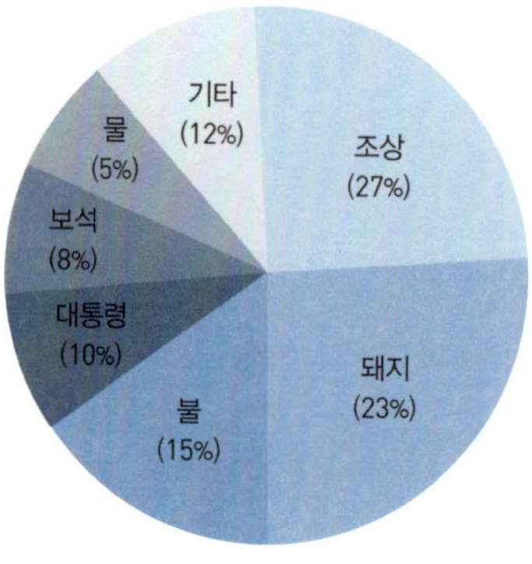

(1) 글의 내용과 **다른** 것은 무엇입니까?

① 물 꿈을 꾸고 복권을 구입한 사람도 있었다.

② 조상 꿈을 꾸고 복권을 구입했다고 답한 사람이 가장 많았다.

③ 복권 1등 당첨자 중 경제적인 어려움 때문에 복권을 산 사람이 가장 많았다.

써 봅시다

한국인이 싫어하는 동물에 대한 메모입니다. 다음을 읽고 예시의 글을 완성하세요.

한국인이 좋아하는 새 : 까치, 제비

• 까치: 반가운 소식을 전해 주는 새

• 제비: 우체국의 상징
흰 제비는 드묾, 행운을 가져다주는 새

행운의 새와 불길한 새

여러분은 좋아하거나 싫어하는 동물이 있습니까? 한국에서는 행운을 가져다준다고 생각하는 새와 불행을 가져온다고 생각하는 새가 있습니다. 여러분은 한국 사람들이 어떤 새를 보고 좋은 일이 있을지도 모른다고 생각하고, 어떤 새를 보고 불길한 일이 있을지도 모른다고 생각하는지 아십니까?

____

____

____

____

그러나 행운의 새만 있는 것은 아닙니다. 한국 사람들은 까마귀, 참새, 매를 불길한 새라고 생각했습니다. 예를 들어 까마귀나 참새가 울면 그해 농사가 잘되지 않는다고 믿었고, 매가 날아오면 안 좋은 일이 생길 거라고 생각했습니다. 그중에서도 특히 까마귀를 싫어했습니다. 이는 까마귀가 주로 죽은 시체를 먹기 때문에, 그 모습을 안 좋게 생각해서 그런 것 같습니다. 그래서 옛날이야기나 소설 등에서 불행을 가져오는 새, 귀신을 보는 새로 묘사되었습니다.

이렇게 한국에서는 까치를 행운의 새라고 생각하고 까마귀를 불길한 새라고 생각합니다. 하지만 좋아하고 싫어하는 새나 동물은 시대나 문화에 따라 다릅니다. 한국 사람들은 전통적으로 까치를 행운의 새라고 생각했지만 요즘은 까치를 싫어하는 사람들도 많습니다. 또 한국에서는 불길한 새인 까마귀가 북유럽에서는 지혜를 상징하는 행운의 새라고 합니다. 이렇게 같은 새라도 시대나 문화에 따라 의미가 달라질 수 있습니다.

제 11 과 사건과 사고

Event & Accident

어휘

1. 알맞은 것을 골라 문장을 완성하세요.

자국	현장	피해

(1) 도둑이 신발을 신고 들어온 모양이다. 바닥에 신발 ____________ 이/가 있다.

(2) 이것은 사건 ____________ 에 있었던 범인의 가방이다.

(3) 어제 부산에서 지진이 있었지만 다행히 큰 ____________ 은/는 없었다고 한다.

2. 알맞은 것을 골라 대화를 완성하세요.

치다	물다	밟다	걸다

(1) A: 오늘 아침에 지하철에서 어떤 아저씨가 내 발을 ________________.

B: 그래요? 아팠겠어요. 지금은 괜찮아요?

(2) A: 팔이 왜 그렇게 빨개요?

B: 모기가 ________________ 그래요. 아프지는 않아요.

(3) A: 아이가 왜 넘어져 있어요?

B: 자전거가 아이를 ________________ 아이가 넘어졌어요.

(4) A: 옷을 옷걸이에 ________________ 드릴까요?

B: 네, 고맙습니다.

3. 알맞은 것을 골라 대화를 완성하세요.

기억에 남다	엉망이 되다	의심이 가다	한잠도 못 자다

(1) A: 집이 왜 이렇게 ____________________?

B: 외출한 사이에 도둑이 들었나 봐요.

(2) A: 어제 잘 잤어요?

B: 아니요. 날씨가 너무 더워서 ____________________.

(3) A: 가장 ____________________ 영화가 뭐예요?

B: '사랑'이라는 영화요. 10년 전에 봤는데 아직도 잊을 수 없어요.

(4) A: 없어진 그 서류를 누가 가져갔을까요?

B: 잘 모르겠지만 ____________________ 사람이 한 명 있어요.

4. 알맞은 것을 골라 대화를 완성하세요.

진찰받다	칭찬받다	인정받다	존경받다

(1) A: 어제부터 배가 아파요.

B: 그럼 병원에 가서 ____________ 보세요.

(2) A: 아이들에게는 칭찬이 꼭 필요한 것 같아요.

B: 네, 맞아요. ____________ 자란 아이들이 공부도 잘하고 자신감도 있대요.

(3) A: 세종대왕이 유명한 왕이에요?

B: 그럼요. 한국인들에게 가장 ____________ 왕이에요.

(4) A: 제이슨 씨가 이번 일을 잘 끝내서 사장님께 ____________ 되었대요.

B: 그래요? 잘됐네요. 제이슨 씨가 정말 열심히 준비했거든요.

준비합시다

01 피동사

1. 알맞은 것을 골라 ◯ 표 하세요.

(1) 갑자기 밖에서 이상한 소리가 (들었다, 들렸다).

(2) 날씨가 좋은 날에는 서울 타워에서 인천이 (본다, 보인다).

(3) 어른들도 어려워하는 문제를 어린아이가 (풀었다, 풀렸다).

(4) 스트레스가 (쌓으면, 쌓이면) 건강에 안 좋다. 그래서 그때그때 풀어야 한다.

(5) 그 영화에서 주인공이 경찰에게 (쫓는, 쫓기는) 장면이 제일 재미있었다.

(6) 여러분, 케이크를 만들 때는 밀가루를 잘 (섞은, 섞인) 후에 물을 부어야 합니다.

2. 알맞은 것을 골라 피동사로 바꿔 대화를 완성하세요.

팔다	잡다	끊다	바꾸다

(1) A: '제이슨의 세계 여행'이라는 책 있어요?

B: 손님, 죄송한데 그 책은 다 ________________.

(2) A: 제 전화가 이상한 것 같아요. 전화가 계속 ________________.

B: 그래요? 그럼 제 전화로 걸어 보세요.

(3) A: 우리 집에서 노트북을 훔쳐 간 도둑이 드디어 경찰한테 ________________.

B: 그래요? 그럼 노트북도 찾을 수 있겠네요.

(4) A: 모임 장소가 ________________?

B: 네. 부장님이 조금 전에 바꾸셨어요.

02 -아/어 놓다

1. 알맞은 것을 골라 대화를 완성하세요.

담다	씻다	달다	포장하다

(1) A: 이 리본 너무 예뻐요. 누가 여기에 리본을 ____________________?

B: 제가 아이들하고 장식해 봤어요. 괜찮지요?

(2) A: 이 사과 안 씻어서 먹어도 돼요?

B: 네, 그냥 먹어도 돼요. 제가 ____________________.

(3) A: 식사 준비 다 되었어요? 제가 좀 도와 드릴까요?

B: 아니요. 제가 벌써 다 만들어서 그릇에 ____________________.

(4) A: 이것 좀 포장해 주세요. 포장하려면 시간이 많이 걸려요?

B: 아니요. 손님, 10분 후에 오시면 그 전에 제가 ____________________.

2. 알맞은 것을 골라 글을 완성하세요.

싸다	찾다	세우다	연락하다	추천받다

드디어 내일 친구들과 여행을 떠나게 되었다. 우리들은 한 달 전부터 여행 계획을 (1)____________________. 기차표도 예매해 놓고 민박할 곳도 인터넷에서 (2)____________________.

그리고 구경할 만한 곳도 한국 친구들에게 여러 곳을 (3)____________________. 물론 짐도 다 (4)____________________. 여행하고 오는 길에 한국 친구 고향에 들를 거다. 그래서 그 친구에게도 벌써 (5)____________________. 이제 떠나기만 하면 된다.

03 -(으)니까

1. 알맞은 것을 찾아 연결하고 문장을 완성하세요.

(1) 책상 서랍을 열다 ·	· ① 비가 오고 있었다
(2) 수업 후에 밖에 나가다 ·	· ② 가족들이 침대 옆에 앉아 있었다
(3) 병원 침대에서 눈을 뜨다 ·	· ③ 잃어버렸다고 생각했던 수첩이 있었다

(1) 책상 서랍을 ______________________________.

(2) 수업 후에 밖에 ______________________________.

(3) 병원 침대에서 ______________________________.

2. 알맞은 것을 골라 대화를 완성하세요.

보다 듣다 가다 입어 보다

(1) A: 어제 그 영화배우 봤어요?

B: 네, 봤어요. 직접 ______________ 텔레비전에서 볼 때보다 더 멋있던데요.

(2) A: 어제 놀이공원에 갔었지요?

B: 네. 놀이공원에 ______________ 방학이라서 그런지 사람이 참 많던데요.

(3) A: 제주도에 꼭 가 보세요. 한라산도 갈 만하고 바다도 아름다워요.

B: 유키 씨의 이야기를 ______________ 정말 가 보고 싶네요.

(4) A: 손님, 옷을 바꾸시려고요?

B: 네. 집에서 ______________ 저한테 안 어울리는 것 같아서요.

04 -아/어 있다

1. 알맞은 것을 골라 ⬭ 표 하세요.

(1) A: 영민 씨 부모님은 어디에서 사세요?

B: 지금 부산에서 (살고, 살아) 계세요.

(2) A: 며칠 동안 청소를 못 해서 먼지가 바닥에 (쌓고, 쌓여) 있어요.

B: 그래요? 그러면 제가 청소를 도와줄게요.

(3) A: 제이슨 씨, 뭐해요?

B: 저 지금 벽에 포스터를 (붙이고, 붙여) 있어요.

(4) A: 친구들 모두 도착했어요?

B: 그럼요. 유키 씨만 안 오고 모두 (오고, 와) 있어요.

2. 알맞은 것을 골라 글을 완성하세요.

나다	열리다	놓이다	깨지다
떨어지다	쓰이다	걸리다	엉망이 되다

어제 밤늦게 집에 들어가 보니까 집이 (1)____________________. 아침에 닫아 놓고 나간 문은 활짝 (2)____________________ 아침까지 괜찮았던 창문이 (3)____________________. 냉장고에 있던 물병은 책상 위에 (4)____________________ 바닥에는 신발 자국이 (5)____________________. 벽에 (6)____________________ 달력은 바닥에 (7)____________________. 그리고 화장실 거울에는 빨간색 펜으로 오늘 날짜가 (8)____________________. 도둑이 든 것 같았다. 그런데 이상하게도 없어진 물건은 없었다.

말해 봅시다

1. 다음 물음에 답하세요.

(1) 다음에 이어지는 이야기를 빨리 듣고 싶을 때 어떻게 말할까요?

A: 어제 집에 들어가니까 방에 이상한 사람이 앉아 있는 거예요.
B: ________________________________?

① 그래서요? 그래서 어떻게 됐어요
② 이상한 이야기는 하지 않는 게 좋지 않아요
③ 그런데요, 누군가 앉아 있으면 안 되지 않아요

(2) 많이 무서웠다고 말하고 싶을 때 어떻게 말할까요?

A: 어젯밤에 무서웠겠어요? 이제 괜찮아요?
B: ________________________________.

① 어젯밤 일 정도는 별일 아니지요. ② 얼마나 무서웠는지 설명할 수 있어요.
③ 어젯밤 일은 생각하기도 싫어요. 무서워서 혼났어요.

(3) 달라진 집 상태를 보고 원인을 추측해서 말하려고 합니다. 어떻게 말할까요?

A: 저기 신발 자국 좀 보세요.
B: ________________________________.

① 신발 자국이 나 있었나 봐요
② 도둑이 신발을 신은 걸 보니까 신발 자국이 난 모양이에요
③ 신발 자국이 나 있는 걸 보니까 도둑이 신발을 신고 들어온 모양이에요

(4) 없어진 물건을 말할 때 어떻게 말할까요?

A: 없어진 물건이 있습니까?
B: 네. ________________________________.

① 책상 서랍에 돈이 들어 있었어요 ② 책상 서랍에 없어진 돈이 있었어요
③ 책상 서랍에 들어 있던 돈이 없어졌어요

2. 다음 대화를 읽고 물음에 답하세요.

흐엉	아키라 씨, 어제 잠 못 잤어요? 왜 그렇게 피곤해 보여요?
아키라	말도 마세요. ⓐ____________________.
흐엉	왜요? 무슨 일 있었어요?
아키라	네. 어제 제가 아르바이트를 끝내고 12시쯤 집에 갔거든요.
흐엉	그런데요?
아키라	갑자기 전등이 꺼졌어요. 조금 이상했지만 그냥 자려고 침대에 누웠는데 ⓑ갑자기 창문이 열리는 거예요. 그래서 바람 때문이라고 생각하고 창문을 닫고 다시 침대에 누웠어요.
흐엉	그다음에는 어떻게 됐어요?
아키라	그런데 창문 밖에서 이상한 소리가 들리기 시작하는 거예요.
흐엉	그래서요?
아키라	이상한 소리가 계속 들리니까 너무 무서워서 떨면서 누워 있었어요.
흐엉	정말 무서웠겠어요. 이제 괜찮아요?
아키라	아니요. 아직도 어젯밤 생각을 하면 가슴이 두근거려요.

(1) ⓐ에 들어갈 말로 알맞은 것은 무엇입니까?

① 푹 잘 잤어요

② 한잠도 못 잤어요

③ 한잠 자고 일어났어요

(2) ⓑ와 바꿔 쓸 수 **없는** 것은 무엇입니까?

① 갑자기 창문이 열렸어요.

② 갑자기 창문을 여는 거예요.

③ 갑자기 창문이 열리지 않겠어요?

(3) 어젯밤에 있었던 일은 무엇입니까?

① 아키라가 전등을 껐다.

② 아키라가 창문을 열었다.

③ 아키라는 이상한 소리를 들었다.

3. 다음 대화를 읽고 물음에 답하세요.

경찰	ⓐ ______________________?
제이슨	네. 아침에 출근해 보니까 사무실이 좀 이상했어요.
경찰	그래요? 없어진 물건이 있습니까?
제이슨	책상 위에 있던 서류가 없어졌습니다. 그리고 서랍이 이렇게 열려 있었고 서랍 안에 있던 수첩도 없어졌습니다.
경찰	ⓑ<u>그밖에 이상한 점은 없었습니까</u>?
제이슨	제가 어젯밤에 컴퓨터를 분명히 꺼 놓고 갔는데 아침에 오니까 컴퓨터가 켜져 있었어요. 그리고 도둑이 책상에서 무엇을 찾으려고 한 것 같아요. 책상이 이렇게 엉망이 되어 있었어요.
경찰	그럼 컴퓨터에 있던 자료들은 다 있습니까?
제이슨	있는 것 같습니다.
경찰	혹시 의심이 가는 사람은 없습니까?
제이슨	글쎄요. 잘 모르겠습니다. 없어진 서류는 회사의 중요한 자료니까 범인을 꼭 잡아 주십시오.
경찰	네, 알겠습니다. 저희가 조사해 보겠습니다.

(1) ⓐ에 들어갈 말로 맞지 **<u>않는</u>** 것은 무엇입니까?

① 언제 사무실에 도둑이 들었습니까

② 사무실에 도둑이 들었다고 신고하셨지요

③ 사무실에 도둑이 들었다고 신고하신 분 맞습니까

(2) ⓑ와 바꿔 쓸 수 **<u>없는</u>** 것은 무엇입니까?

① 이상한 사람이 있었습니까?

② 다른 것은 달라진 게 없습니까?

③ 어제 퇴근하기 전과 달라진 점은 뭡니까?

(3) 어젯밤과 달라진 것은 무엇입니까?

① 책상 위에 있던 수첩이 없어졌다.

② 책상 위에 있던 컴퓨터가 없어졌다.

③ 책상 위에 있던 회사 서류가 없어졌다.

읽어 봅시다

1. 다음은 하숙집에 대한 추억을 쓴 글입니다. 읽고 물음에 답하세요.

하숙집

작년 겨울에 한국에 도착해서 가장 먼저 찾은 곳이 지금 내가 살고 있는 이 하숙집이었다. 한국에서 유학했던 친구가 그려 준 약도와 전화번호만 가지고 하숙집을 찾기 시작했다. 버스에서 내려 무거운 가방을 들고 30분쯤 헤매다가 겨우 하숙집을 찾았다.

ⓐ______________________. 하숙집은 아주 깨끗하게 정리되어 있었다. 거실에는 소파가 놓여 있었고 식당엔 큰 식탁이 있었다. 아주머니는 나를 방으로 안내해 주셨다. 방에는 침대와 옷장, 책상이 놓여 있었다. 침대는 깨끗하게 정리되어 있었고 책상 위에는 아무것도 놓여 있지 않았다. 침대와 책상 사이에 작은 창문이 있었는데 조금 열려 있었다. 방이 깨끗해서 내 마음에 들었다. 그리고 하숙집 아주머니의 미소가 내 마음을 편하게 해 주었다. 그렇게 나의 한국 생활은 시작되었다.

그런데 6개월이 지난 지금 내 방은 엉망이 됐다. 책상 위에는 책들이 쌓여 있고 책상 의자에는 옷들이 걸려 있다. 벽에는 내가 좋아하는 가수들의 사진이 붙어 있다. 지금 내 방은 깨끗하지는 않지만 나는 이 방에 정이 들었다.

나는 이제 한국을 떠나 고향에 가야 한다. 내 짐을 가방에 하나하나 넣으면서 내가 한국에 온 첫날을 잠깐 생각해 보았다. 내가 떠나면 이 방에서 또 다른 사람이 새로운 생활을 시작하겠지? 나는 이 방에서의 생활을 잊을 수 없을 것 같다. 아침에 밝게 들어오던 햇빛과 여름 밤 창문으로 들어오던 시원한 바람, 그리고 아주머니가 나를 부르던 소리까지 모두 그리워질 것 같다.

(1) 이 사람은 지금 무엇을 하고 있습니까?

① 새 하숙집을 찾고 있다.

② 하숙집 방을 청소하고 있다.

③ 한국을 떠나려고 짐을 싸고 있다.

(2) 처음 하숙집에 왔을 때 방은 어땠습니까?

① 방의 창문이 닫혀 있었다.

② 내 방 책상 위에는 아무것도 없었다.

③ 방에 침대와 소파, 책상이 놓여 있었다.

(3) ⓐ에 들어갈 말로 알맞은 것은 무엇입니까?

① 하숙집에 도착하니까 집에는 아무도 없었다.

② 하숙집을 보니까 생각보다 깨끗하지 않았다.

③ 하숙집에 들어가니까 한 아주머니가 나를 반갑게 맞아 주셨다.

(4) 글의 내용과 같은 것은 무엇입니까?

① 하숙집 방은 지금도 깨끗하다.

② 친구에게서 하숙집을 소개받았다.

③ 고향 친구가 다음에 이 방에 이사 올 거다.

2. 다음은 경찰서에서 낸 공고입니다. 읽고 물음에 답하세요.

교통사고 목격자를 찾습니다

신촌 지하철역 근처에서 교통사고를 목격하신 분을 찾습니다. 8월 16일 밤 11시 50분쯤 검은색 승용차가 횡단보도를 건너던 남학생을 치고 달아났습니다. 이 사고 현장을 목격하신 분은 ○○○ 경찰서 02-3277-1234로 연락 바랍니다. 연락 주시는 분께 사례금을 드리겠습니다.

○○○ 경찰서

(1) 지금 경찰서에서 누구를 찾고 있습니까?

① 검은색 승용차에 치인 남학생

② 검은색 승용차를 가지고 있는 사람

③ 8월 16일 밤에 있었던 교통사고를 본 사람

(2) 글의 내용과 <u>**다른**</u> 것은 무엇입니까?

① 사고를 낸 검은색 승용차의 운전자는 지금 경찰서에 있다.

② 8월 16일 밤 11시 50분쯤 신촌 지하철역 근처에서 교통사고가 있었다.

③ 이 교통사고를 목격한 사람이 경찰서에 연락하면 사례금을 받을 수 있다.

써 봅시다

다음은 사무실 그림입니다. 다음을 보고 사무실에 대한 묘사의 글을 완성하세요.

나의 사무실

제가 일하는 곳은 도심에서 조금 떨어진 곳에 있습니다. 집에서 시간도 많이 걸리고 그렇게 큰 회사는 아니지만 저는 제 직장이 정말 마음에 듭니다. 같이 일하는 동료들도 좋고 제 일도 적성에 맞습니다. 특히 제가 일하는 사무실의 제 자리는 벌써 5년째 앉아 있는 곳이라 정이 많이 들었습니다.

우리 사무실은 모두 여섯 명의 직원이 일하고 있습니다. 사무실 문을 열고 들어가면 책상 네 개가 두 개씩 서로 마주 보고 있고 책상 하나는 문 앞에 놓여 있습니다. 그리고 제 책상은 가장 안쪽에 놓여 있습니다.

제 책상은 사무실 큰 창문 옆에 있습니다. ____________________

____

____

____

____

____

오늘 아침에도 출근을 하니까 제 자리가 저를 반갑게 맞아 줍니다. 저는 이 자리에서 매일 일을 시작하고 내일의 계획을 세우고 있습니다. 저는 이곳이 참 좋습니다.

제 12 과 직장 생활 *Working Life*

어휘

1. 알맞은 것을 골라 대화를 완성하세요.

입사하다	승진하다	퇴직하다

(1) A: 제이슨 씨, 언제 ______________? 회사에 들어온 지 1년 넘었나요?

B: 네. 작년 1월에 들어왔어요.

(2) A: 이번에 부장으로 ______________ 것 축하드립니다.

B: 축하해 주셔서 감사합니다.

(3) A: 이번 달까지만 출근하시지요? ______________ 후에 뭐 할 생각이세요?

B: 글쎄요. 아직 구체적으로 생각해 보지 않았어요.

2. 알맞은 것을 골라 대화를 완성하세요.

업무	취업난	거래처

(1) A: 요즘 너무 힘들어 보여요. 회사 일이 많이 바빠요?

B: 네. 요즘에 ______________ 이/가 많아서 정신이 하나도 없어요.

(2) A: 요즘 취직하기가 어렵다면서요?

B: 네. 저도 내년에 졸업하는데 ______________ 때문에 졸업하는 게 좋지만은 않아요.

(3) A: 제이슨 씨, 오늘 ______________ 에서 손님들이 몇 시에 옵니까?

B: 5시에 오기로 했습니다. 손님들에게 보여 드릴 제품 소개서는 다 준비됐습니다.

3. 알맞은 것을 골라 대화를 완성하세요.

드물다	경솔하다	까다롭다	무책임하다

(1) A: 휴가 때 집을 오래 비우면서 키우던 개를 버리는 사람이 많대요.

B: 정말요? 자기가 키우던 개를 어떻게 그렇게 쉽게 버려요? 정말 ______________ 사람들이네요.

(2) A: 하오밍 씨 동생은 많이 말랐네요.

B: 네. 저는 뭐든지 잘 먹는데 제 동생은 식성이 ______________ 많이 안 먹어요.

(3) A: 요즘은 종이에 편지를 써서 보내는 사람을 거의 볼 수가 없어요.

B: 맞아요. 편지를 쓰는 사람이 ______________ 것 같아요. 모두 이메일을 사용하잖아요.

(4) A: 제이슨 씨, 회사를 나가겠다는 말을 어떻게 그렇게 아무 생각 없이 합니까?

B: 죄송합니다. 부장님, 제가 ______________ 말한 것 같습니다.

4. 알맞은 것을 골라 대화를 완성하세요.

겁쟁이	월급쟁이	고집쟁이	수다쟁이

(1) A: 한국은 집값이 너무 비싼 것 같아요.

B: 맞아요. 저 같은 ______________는 돈을 열심히 모아도 집을 사기가 쉽지 않아요.

(2) A: 유키 씨는 별명이 뭐예요?

B: 친구들이 저한테 ______________래요. 제가 말이 좀 많거든요.

(3) A: 저는 밤에 혼자 화장실에 가는 게 너무 무서워요.

B: 어머, 안나 씨는 ______________군요. 뭐가 무섭다고 그래요?

(4) A: 우리 아이는 자기가 하고 싶은 것은 꼭 해야 하는 ______________예요.

B: 우리 아이도 정말 고집이 세요. 자기 생각이 있으면 제 말은 전혀 안 들어요.

준비합시다

01 -았/었으면 좋겠다

1. 알맞은 것을 골라 대화를 완성하세요.

조퇴를 하다	연봉이 오르다	운전면허를 따다	보육 시설이 생기다

(1) A: 과장님, 제가 내일 오후에 병원 진료를 받아야 해서 내일은 오전 근무만 하고 ________________________.

B: 그래요? 알겠습니다. 내일은 일찍 나가세요.

(2) A: 세 번이나 운전면허 시험에 떨어졌는데 이번 방학에는 꼭 ________________________.

B: 꼭 붙기를 바랄게요. 운전을 할 줄 알면 정말 편해요.

(3) A: 수정 씨, 우리 회사에도 ________________________.

B: 맞아요. 그러면 일하다가 잠깐 아이를 보러 갈 수도 있을 텐데요.

(4) A: 제이슨 씨는 회사에 바라는 것이 있어요?

B: ________________________. 월급이 너무 적어요.

2. 다음 대화를 완성하세요.

(1) A: 하오밍 씨, 한국말을 정말 잘하네요.

B: 아니에요. 잘 못 해요. 지금보다 더 ________________________.

(2) A: 이번 여름은 참 긴 것 같아요. 여름이 언제 다 지나갈까요? 너무 덥네요.

B: 저도 날씨가 더워서 힘들어요. 여름이 빨리 ________________________.

(3) A: 우리 구내식당 음식은 너무 맛없어요.

B: 그렇지요? 구내식당 음식이 좀 ________________________. 그러면 구내식당에 밥 먹으러 자주 갈 텐데요.

02 -(으)ㄴ/는지

1. 알맞은 것을 찾아 연결하고 문장을 완성하세요.

(1) 비가 많이 오다 ·	· ① 생활비가 많이 들어서 힘들다
(2) 물가가 많이 올랐다 ·	· ② 저녁을 못 먹겠다
(3) 점심을 많이 먹었다 ·	· ③ 우산을 썼지만 옷이 다 젖었다

(1) 비가 어찌나 ________________________.

(2) 물가가 어찌나 ________________________.

(3) 점심을 얼마나 ________________________.

2. 알맞은 것을 골라 대화를 완성하세요.

많다	높다	예쁘다	복잡하다

(1) A: 산에 잘 다녀왔어요?

B: 네. 그런데 산이 어찌나 ____________ 정상까지 올라가기가 정말 힘들었어요.

(2) A: 사진에 있는 이 아기는 누구예요?

B: 제 조카예요. 어찌나 ____________ 어제 봤는데 또 보고 싶네요.

(3) A: 흐엉 씨, 시험공부 다 했어요?

B: 아니요. 공부할 게 어찌나 ____________ 아직도 다 못 했어요.

(4) A: 지금 백화점에 다녀왔어요?

B: 네. 그런데 세일 기간이라서 백화점이 어찌나 ____________ 정신이 하나도 없었어요.

03 -(으)ㄴ/는 데다가

1. 알맞은 것을 찾아 연결하고 문장을 쓰세요.

(1) 토마토는 건강에 좋다 •	• ① 예쁜 옷도 많다
(2) 제이슨은 기타를 잘 치다 •	• ② 맛도 좋다
(3) 그 가게는 가격이 저렴하다 •	• ③ 노래도 잘 부르다

(1) 토마토는 ______________________________.

(2) 제이슨은 ______________________________.

(3) 그 가게는 ______________________________.

2. 알맞은 것을 골라 대화를 완성하세요.

있다	멀다	먹다	도와주다

(1) A: 제이슨 씨는 동료들에게 인기가 많은 것 같아요.

B: 맞아요. 동료들을 잘 ______________ 성격도 활발해서 모두들 좋아하는 것 같아요.

(2) A: 오늘 점심에 피자 먹으러 갈래요?

B: 아니요. 어제도 피자를 ______________ 요즘 피자를 너무 자주 먹어서 다른 것을 먹고 싶어요.

(3) A: 우리 명동에 택시 타고 가요. 버스 정류장까지 너무 ______________ 지금 시간도 없잖아요.

B: 좋아요. 그렇게 해요.

(4) A: 오늘 저녁 모임에 왜 못 와요? 다들 모이는데…….

B: 저녁에 약속이 ______________ 집에 빨리 들어가 봐야 돼서요.

04 -다 보니까

1. 알맞은 것을 찾아 연결하고 문장을 쓰세요.

(1) 바쁘게 지내다 •	• ① 다리에 근육이 생겼다
(2) 한국에서 오래 살다 •	• ② 시간이 어떻게 지나가는지 모르겠다
(3) 매일 자전거를 타고 운동하다 •	• ③ 한국이 고향처럼 느껴지다

(1) 바쁘게 ______________________________.

(2) 한국에서 ______________________________.

(3) 매일 자전거를 타고 ______________________________.

2. 알맞은 것을 골라 대화를 완성하세요.

신다	먹다	다니다	사용하다

(1) A: 마리 씨, 언제 한국어가 이렇게 늘었어요?

B: 매일 한국 사람들과 대화하면서 한국어를 열심히 ______________ 실력이 좋아졌어요.

(2) A: 흐엉 씨는 매운 음식도 잘 드시네요.

B: 네. 한국에 와서 매운 음식을 자주 ______________ 매운 맛이 좋아졌어요.

(3) A: 제이슨 씨, 회사에서 집까지 2시간이나 걸리는데 회사 다니기 힘들지 않아요?

B: 매일 ______________ 익숙해져서 그렇게 힘들지는 않아요.

(4) A: 율리아 씨, 그렇게 굽이 높은 구두는 불편하지 않아요?

B: 괜찮아요. 굽이 높은 구두를 자주 ______________ 그렇게 불편하지 않아요.

말해 봅시다

1. 다음 물음에 답하세요.

(1) 직장 상사에게 휴가 허락을 구하고 싶습니다. 이때 어떻게 말할까요?

A: 저, 과장님 ________________________.
B: 그래요? 얼마 동안 휴가를 내려고 합니까?

① 휴가를 내야지요 ② 휴가를 낼 만합니다 ③ 휴가를 좀 냈으면 합니다

(2) 상대방의 경솔한 생각을 지적할 때 어떻게 말할까요?

A: 제가 하려고 했던 발표를 다른 사람에게 부탁해도 될까요?
B: 발표자를 바꾸는 건 ________________________.

① 마음대로 할 수 있는 일입니다
② 아주 쉽게 생각해도 될 문제입니다
③ 그렇게 간단하게 결정할 문제가 아닙니다

(3) 회사를 그만둘까 말까 심각하게 고민할 때 어떻게 말할까요?

A: 무슨 문제가 있는 거예요? 자세히 말해 보세요.
B: ________________________.

① 회사를 그만두고 싶다는 생각이 가끔 나요
② 때때로 회사를 그만두고 싶다는 생각이 들어요
③ 회사를 그만두고 싶다는 생각을 하루에 열두 번도 더 해요

(4) 누구나 직장 생활을 힘들다고 생각한다는 것을 말할 때 어떻게 말할까요?

A: 직장 생활이 너무 힘든 것 같아요.
B: ________________________.

① 누구나 직장 생활이 힘든 건 아니지요
② 월급쟁이라면 누구든지 직장 생활을 힘들어해야지요
③ 회사 다니면서 힘들지 않다고 생각하는 사람이 어디 있겠어요

2. 다음 대화를 읽고 물음에 답하세요.

제이슨 과장님, ⓐ______________________.

과장 무슨 일인데요?

제이슨 다름이 아니라 내일 오전 근무만 하고 조퇴를 해도 괜찮겠습니까?

과장 왜요? 무슨 일이 있습니까?

제이슨 네. 내일 오후에 병원 진료를 받아야 해서 조퇴를 했으면 합니다.

과장 내일은 제이슨 씨가 신입 사원 면접시험을 진행해야 하는데 ⓑ꼭 조퇴를 해야 합니까?

제이슨 저도 면접시험을 피해서 병원 진료 날짜를 예약하려고 했습니다. 그런데 병원에 예약 환자가 어찌나 많은지 도저히 다른 날로 예약을 할 수가 없었습니다. 중요한 날인데 자리를 비우게 돼서 죄송합니다.

과장 그런데 제이슨 씨, 내일 출장 보고서도 내야 하지 않습니까? 그러면 그 일은 어떻게 할 겁니까?

제이슨 그 일은 김민수 씨에게 부탁할까 하는데 괜찮겠습니까?

과장 제이슨 씨가 출장 책임자인데 제이슨 씨가 보고서를 써야지요. 그렇게 마음대로 결정할 수 있는 일이 아닙니다.

제이슨 과장님, 죄송합니다. 제가 너무 경솔하게 생각했던 것 같습니다.

과장 아무튼 내일 조퇴하도록 하세요. 그리고 보고서는 내일 오전까지 내세요.

(1) ⓐ에 들어갈 말로 알맞지 **않은** 것은 무엇입니까?

① 말씀 잘 들었습니다 ② 드릴 말씀이 좀 있습니다 ③ 말씀드리고 싶은 게 있는데요

(2) ⓑ와 바꿔 쓸 수 **없는** 것은 무엇입니까?

① 조퇴를 할 리가 없습니까? ② 조퇴를 꼭 해야 되겠습니까?

③ 조퇴를 하는 건 무책임한 거 아닙니까?

(3) 대화의 내용과 같은 것은 무엇입니까?

① 제이슨은 오늘 출장 보고서를 낼 것이다.

② 제이슨은 동료에게 업무를 부탁하려고 했다.

③ 제이슨은 신입 사원 면접시험이 끝나고 조퇴할 것이다.

3. 다음 대화를 읽고 물음에 답하세요.

흐엉 안나 씨, 제가 요즘 고민이 좀 있는데요. 제 얘기 좀 잠깐 들어 줄 수 있어요?

안나 그럼요. 무슨 일인데요?

흐엉 요즘 학교생활이 너무 힘들어요.

안나 뭐 때문에 그래요? 자세히 말해 보세요.

흐엉 사실 요즘 학교를 그만두고 싶다는 생각을 하루에 열두 번도 더 해요.

안나 그래요? 옆에서 같이 공부하면서 흐엉 씨가 힘들어하는지도 몰랐네요. 그런데 왜 그만두고 싶은데요?

흐엉 수업 내용이 너무 어려워서 알아들을 수가 없어요. ⓐ한국어로 공부하는 것도 어려운 데다가 친구들과의 관계도 힘들고요.

안나 저도 그래요. 외국 생활을 하다 보니까 힘들 때가 많아요.

흐엉 그리고 한국에서 혼자 생활하니까 너무 외로워요.

안나 고향을 떠나 유학하면서 고생하지 않는 사람이 어디 있겠어요. 그래도 ⓑ기운 내세요. 지금도 잘하고 있어요. 이제 학기도 거의 끝났고 방학도 얼마 안 남았잖아요.

흐엉 힘내야겠죠? 안나 씨도 힘들 텐데 제 얘기 들어 줘서 고마워요.

(1) ⓐ와 바꿔 쓸 수 있는 것은 무엇입니까?

① 한국어로 공부하는 것은 어려워도 친구들과는 잘 지내요

② 한국어로 공부하는 것도 어렵고 친구들과의 관계도 힘들어요

③ 한국어로 공부하는 게 어려워서 친구들과의 관계도 힘들어요

(2) ⓑ와 바꿔 쓸 수 있는 것은 무엇입니까?

① 힘내세요. 지금만 잘하면 돼요. ② 힘내세요. 지금만큼만 하면 돼요.

③ 힘내세요. 지금보다 더 노력해야 될 거예요.

(3) 대화의 내용과 같은 것은 무엇입니까?

① 두 사람은 유학을 포기하고 싶다. ② 안나는 외국 생활이 편하고 즐겁다.

③ 흐엉은 수업 내용을 이해하기 어렵다.

읽어 봅시다

1. 다음은 면접시험에 대한 글입니다. 읽고 물음에 답하세요.

질문 면접시험을 볼 때마다 어찌나 긴장이 되는지 번번이 대답을 잘 못 하고 나옵니다. 다음 주에도 면접시험을 보는데 벌써 열 번째 면접이에요. 어떻게 하면 면접을 잘 볼 수 있을까요?

답변 열 번째 면접이라니 직장 구하기가 힘들다는 게 실감이 나네요. 요즘은 제 주변에도 면접시험에서 여러 번 떨어진 사람들이 많습니다. 실망하지 마시고 힘을 내시기 바랍니다. 그리고 다음 방법을 면접 때 기억하시면 도움이 될 겁니다.

첫째, 밝은 표정으로 면접을 봐야 합니다. 면접관이 처음 보게 되는 것은 면접자들의 얼굴이기 때문에 밝은 표정으로 면접장으로 들어가야 합니다. 그리고 면접을 보는 동안에도 밝은 얼굴로 면접관과 대화해야 합니다. 둘째, 대답할 때는 자신 있게 해야 합니다. 자신감이 없는 사람은 일에도 열정이 없어 보일 수 있기 때문입니다. 셋째, 질문에 대답할 때는 결론부터 말하는 게 좋습니다. 결론을 먼저 말하고 그에 대한 설명을 간단히 말하도록 하세요. 대답을 길게 하면 면접관이 지루해할 수 있기 때문입니다. 넷째, 자신의 장점을 최대한 보여 줘야 합니다. 자신이 회사에 왜 필요한지를 분명히 설명하고 자신의 장점과 능력을 말하는 것이 좋습니다. 다섯째, 약간의 유머도 필요합니다. 면접관을 웃게 했다면 반은 성공했다고 할 수 있습니다.

취직이 아무리 힘들어도 준비된 사람에게는 기회가 꼭 찾아올 겁니다. 다음 주 면접시험에서 반드시 좋은 결과가 있었으면 좋겠네요. 다시 한 번 행운을 빕니다.

1 [2] [3] [4] [5] [6] [7] [8] [9] [10] ▶▶

전체 1411건 1 / 142페이지

(1) 무엇에 대한 글입니까?

① 면접시험 과정을 소개하는 글

② 면접시험의 중요성을 설명하는 글

③ 면접시험을 잘 보는 방법을 조언하는 글

(2) 이 글을 읽고 다음 중 면접시험을 가장 잘 본 사람은 누구입니까?

① 제이슨 : 지원 동기를 심각한 표정으로 말했다.

② 박영민 : 대답을 할 때 결론을 마지막에 말했다.

③ 아키라 : 외국어 능력과 상을 받은 경험에 대해 말했다.

(3) 글의 내용과 같은 것은 무엇입니까?

① 면접시험을 볼 때 유머 있게 대답하면 좋다.

② 면접시험을 볼 때 자신의 장점과 단점을 모두 말해야 한다.

③ 면접시험을 볼 때 모르는 질문이라도 길게 대답하려고 노력한다.

2. 다음은 아르바이트에 대한 공고입니다. 읽고 물음에 답하세요.

일본어 번역 아르바이트 모집

한국 방송에 일본어 자막을 만드실 분을 찾습니다.

지원 자격: 20세~35세, 한국어능력시험 6급 합격자
접수 기간: 8월 11일(화)~8월 22일(토)
근무 형태: 사무실 근무
제출 서류: 이력서, 자기소개서
제출 방법: 우편 및 전자 우편(happystory12@media.com)
담당자: 김명수 실장(02-730-8337)

※ 우편 접수는 8월 22일 오후 5시까지 도착해야 함.

(주) 서울미디어

(1) 글의 내용과 <u>다른</u> 것을 무엇입니까?

① 이력서와 자기소개서는 이메일로 보낼 수 있다.

② 이 아르바이트는 일본어로 방송 자막을 만드는 일이다.

③ 이 아르바이트는 한국어 능력시험을 보지 않은 사람도 지원이 가능하다.

써 봅시다

다음은 방송국 인턴 기자 시험 일정을 메모한 것입니다. 다음을 읽고 면접시험을 본 하루 일과에 대한 글을 완성하세요.

오후 2:00 시험에 대한 오리엔테이션

2:20 기사 쓰기 시험: 시간이 너무 빨리 지나가서 시간 안에 다 쓰지 못하고 냈다.

3:20 카메라 시험: 카메라 앞에서 기사를 읽는데 너무 긴장돼서 목소리가 떨렸다. 그래서 기사를 제대로 못 읽었다.

4:20 면접시험

첫 번째 면접시험

내 꿈은 초등학교 때부터 기자가 되는 것이었다. 방송 기자였던 아버지를 텔레비전에서 자주 보다 보니까 아버지처럼 되고 싶다는 생각을 하게 됐다. 오늘은 내가 방송국의 문을 두드리는 첫 번째 날이었다. 아침부터 깨끗한 정장을 입고 거울 앞에 서서 대답을 연습해 보았다. 거울 앞에서도 긴장이 돼서 생각해 놓았던 말들이 잘 생각나지 않았다.

집에서 2시간 전에 나왔지만 길이 어찌나 막히는지 겨우 10분 전에 방송국에 도착했다. 급한 걸음으로 면접장에 들어가 보니까 스무 명 정도 되는 사람들이 긴장된 표정으로 앉아 있었다.

____

____

____

____

카메라 시험은 잘 못 봤지만 마지막으로 남은 면접시험에 최선을 다해야겠다는 생각이 들었다. 면접실로 들어가니까 네 명의 면접관이 웃는 얼굴로 나를 기다리고 있었다. 나는 질문마다 자신 있게 대답했고 내가 왜 이 방송국에 필요한지도 말했다.

시험을 다 마치니까 5시였다. 집에 돌아오는 길에 생각해 보니 면접시험은 잘 본 것 같다. 내일 합격했다는 연락이 왔으면 좋겠다. 긴장을 많이 한 날이라서 그런지 피곤하다. 오늘은 일찍 잠자리에 들어야겠다.

제 13 과 대인 관계 *Relationship*

어휘

1. 알맞은 것을 골라 대화를 완성하세요.

부쩍	무심코	오히려

(1) A: 오늘 보니까 제이슨 씨 한국말 정말 잘하네요. 한국 사람 같아요.

B: 그렇죠? 요즘 들어 한국말 실력이 ________ 늘었어요.

(2) A: 어떡하지? 흐엉이 말하지 말라고 그랬는데 ________ 말해 버렸어.

B: 어쩔 수 없지 뭐. 흐엉도 이해해 줄 거야.

(3) A: 그 사람 도대체 왜 그래? 자기가 잘못해 놓고 ________ 나한테 화를 내는 거 있지?

B: 그냥 네가 참아. 그 사람도 아마 속으로는 미안해할 거야.

2. 알맞은 것을 골라 대화를 완성하세요.

설득하다	원만하다	부딪치다

(1) A: 제 친구를 소개해 주려고 하는데 제이슨 씨 어때요?

B: 제이슨 씨요? 성격이 좋아서 인간관계도 ________ 능력 있는 사람이에요.

(2) A: 두 사람 다음 달에 결혼한대요.

B: 잘됐네요. 부모님이 많이 반대한다고 들었는데 결국 부모님을 ________.

(3) A: 무슨 고민 있어요? 얼굴이 안 좋아 보여요.

B: 네. 사실은 진학 문제로 부모님과 계속 ________.

3. ________에 공통으로 들어갈 단어를 고르세요.

(1)

- 어제 일어난 지진으로 건물 전체가 ________ 것을 느꼈다.
- 같이 가자고 친구들이 아무리 말해도 그는 친구들의 말에 ________ 않았다.
- 그 남자를 다시 만나지 말자고 마음먹었는데 전화 목소리를 들으니 마음이 ______.

① 쓰러지다 ② 흔들리다 ③ 넘어가다

(2)

- 많은 사람들 앞에서 그는 계속 목소리를 ________ 연설을 했다.
- 친구들과 수다를 ________ 보니까 어느새 집에 갈 시간이 되었다.
- 아버지 앞에서 저렇게 몸을 ________ 영민 씨 아버지가 무섭기는 무서운가 보다.

① 떨다 ② 풀다 ③ 꺼내다

4. 알맞은 것을 골라 대화를 완성하세요.

얼굴을 들다	얼굴이 뜨겁다	얼굴이 두껍다	얼굴이 반쪽이 되다

(1) A: 저 사람은 어찌나 ____________________ 툭하면 찾아와 어려운 부탁을 해요.

B: 저도 들었어요. 정말 부끄러운 줄 모르나 봐요.

(2) A: 어제 발표 때 갑자기 머릿속이 하얘지면서 아무것도 생각나지 않았어요. 너무 부끄러워서 ____________ 수 없었어요.

B: 긴장하면 누구나 그런 실수를 할 수 있어요. 너무 신경 쓰지 마세요.

(3) A: 유키 씨, 혼자 살아도 밥 잘 챙겨 먹으세요. ____________________.

B: 네. 그런데 막상 혼자 먹으려고 하면 귀찮아서 잘 안 먹게 돼요.

(4) A: 줄리앙 씨, 정말 잘생겼어요. 키도 크고 너무 멋있어요. 와! 속눈썹도 정말 기네요.

B: 아이구, ____________________ 왜 자꾸 그러십니까? 이제 좀 그만하십시오.

준비합시다

01 -(으)려던 참이다

1. 알맞은 것을 골라 대화를 완성하세요.

열다	들어가다	이야기하다

(1) A: 프랑크, TV 좀 그만 보고 이제 들어가서 공부해. 내일 시험이라면서.

B: 안 그래도 그만 보고 공부하러 방에 ______________________.

(2) A: 유키 씨, 어제 그 일에 대해서 계속 이야기하고 싶은데요.

B: 마침 저도 그 일에 대해서 ______________________ 잘됐네요.

(3) A: 줄리앙 씨, 창문 좀 열어 주시겠어요?

B: 네. 저도 너무 답답해서 지금 막 창문을 ______________________.

2. 알맞은 것을 골라 ◯ 표 하세요.

(1) A: 여보세요? 저 흐엉이에요.

B: 어머, 흐엉 씨! 지금 막 흐엉 씨에게 (전화를 할 거예요, 전화를 하려던 참이었어요).

(2) A: 요즘 뭐 해요?

B: 요즘 학원에 다니면서 일본어를 배우고 있어요. 내년에 일본으로 공부하러 (갈 거예요, 가려던 참이에요).

(3) A: TV 좀 켜 봐요. 뉴스 할 시간이에요.

B: 저도 지금 TV를 (켤 거예요, 켜려던 참이었어요). 그런데 리모컨이 어디 있지요?

(4) A: 이번 여름 방학에는 뭐 할 거예요?

B: 글쎄요. 아직 잘 모르겠어요. 시간이 되면 제주도를 (여행하려고 해요, 여행하려던 참이었어요).

02 -느라고

1. 알맞은 것을 골라 대화를 완성하세요.

놀다	읽다	하다	다니다	키우다

(1) A: 요즘 얼굴 보기 어렵네요. 바빠요?

B: 네. 아르바이트를 알아보러 ________________ 좀 바빠요.

(2) A: 방학 때 고향에 갔다 왔어요?

B: 아니요. 방학 동안 배낭여행을 ________________ 고향에 못 갔어요.

(3) A: 아키라 씨는 역시 열심히 공부하시는군요.

B: 열심히 공부하긴요. 숙제하는 거예요. 어제 친구들과 ________________ 숙제를 못 했거든요.

(4) A: 프랑크, 이제 좀 일어나. 어젯밤에 뭐 했는데 수업 시간 내내 졸고 있어?

B: 어, 책이 어찌나 재미있는지 끝까지 ________________ 밤을 새웠어.

(5) A: 직장 생활하면서 아이를 ________________ 많이 힘드시죠?

B: 네. 그래도 아이와 함께 시간을 많이 보내지 못해서 아이에게 항상 미안해요.

2. 알맞은 것을 골라 ◯ 표 하세요.

(1) 텔레비전을 (봐서, 보느라고) 중요한 약속을 잊어버렸습니다.

(2) 이렇게 많은 음식을 (준비해서, 준비하느라고) 고생 많으셨습니다.

(3) 늦게 (일어나서, 일어나느라고) 학교에 지각했어요.

(4) 아침마다 (화장해서, 화장하느라고) 시간이 걸립니다.

(5) 지하철을 못 (타서, 타느라고) 학교에 늦었어요.

03 -(으)ㄹ 수밖에 없다

1. 다음 대화를 완성하세요.

(1) A: 왜 이렇게 늦었어요?

B: 미안해요. 회의가 늦게 끝나는 바람에 ________________________.

(2) A: 길이 많이 막히네요. 공항에서 가족들 선물을 사야 하는데 못 사겠어요.

B: 그러게요. 선물은 비행기 안에서 ________________________.

(3) A: 이치로 씨, 다음 달에 귀국한다면서요?

B: 네. 갑자기 부모님이 편찮으셔서 ________________________.

(4) A: 제이슨 씨, 여자 친구 잘 있어요?

B: 아니요. 저희 헤어졌어요. 여자 친구한테 사랑하는 사람이 생겨서 __________

________________________.

2. 알맞은 것을 골라 대화를 완성하세요.

참다	시키다	기다리다	걸어가다

(1) A: 시간이 벌써 이렇게 됐어요? 버스랑 지하철이 다 끊겼겠네요. 어떻게 집에 가지요?

B: 그럼 집까지 ________________________. 멀지 않으니까 같이 걸어가요.

(2) A: 왜 비빔밥을 주문했어요? 물냉면을 먹고 싶다고 했잖아요.

B: 물냉면이 다 떨어졌대요. 그래서 비빔밥을 ________________________.

(3) A: 손님, 곧 공연이 시작하니까 빨리 들어가십시오.

B: 표를 가지고 있는 친구가 안 와서 친구가 올 때까지 ________________________.

(4) A: 네가 지금 화내면 오히려 분위기가 더 이상해지니까 그냥 네가 참아.

B: 그래, 어쩔 수 없지 뭐. 내가 ________________________…….

04 -(으)ㄴ/는 김에

1. 알맞은 것을 찾아 연결하고 문장을 완성하세요.

(1) 일본으로 출장을 가다 •	• ① 인사나 하고 가려고 들렀다
(2) 저녁 식사를 준비하다 •	• ② 여행도 하고 오려고 하다
(3) 오랜만에 이 동네에 왔다 •	• ③ 내일 아침 식사도 준비하려고 하다

(1) 일본으로 ______________________________.

(2) 저녁 식사를 ______________________________.

(3) 오랜만에 이 동네에 ______________________________.

2. 알맞은 것을 골라 대화를 완성하세요.

만들다	나가다	나오다	시작하다

(1) A: 서류 정리를 언제 할까 생각만 하다가 이렇게 시작해 버리니까 속이 다 시원하군요.

B: 그렇죠? 이왕 ________________ 오늘 끝까지 다 해 봅시다.

(2) A: 오늘 쇼핑하러 나갈까?

B: 좋아. 그럼 쇼핑하러 ________________ 영화도 보자. 보고 싶은 영화가 있거든.

(3) A: 프랑크 씨, 지금 스파게티를 만들려고 하는데 먹을래요?

B: 좋죠, 그럼 ________________ 제 것도 부탁해요.

(4) A: 말이 ________________ 물어보는 건데. 너 정말 아키라하고 사귀어?

B: 말도 안 돼. 어디에서 그런 소문이 났지? 아키라하고는 그냥 친구야.

말해 봅시다

1. 다음 물음에 답하세요.

(1) 지금 막 전화하려던 생각을 가지고 있었습니다. 이때 어떻게 말할까요?

A: 여보세요? 나 유키야.
B: 너랑 마음이 통했나 봐. ______________________.

① 마침 나도 전화할 수밖에 없었어

② 그렇지 않아도 나도 너한테 전화하려던데

③ 안 그래도 나도 너한테 전화하려던 참이었어

(2) 이번이 좋은 기회라고 설득하고 싶을 때 어떻게 말할까요?

A: 글쎄, 나도 가고 싶긴 한데 그날은 집에서 청소도 해야 되고…….
B: 청소? 청소는 다른 날 충분히 할 수 있잖아. ______________________.

① 이런 건 흔한 기회지

② 이런 건 두 번 다시 올 좋은 기회야

③ 이번 기회를 놓치면 언제 또 이런 기회가 올지 몰라

(3) 아주 바쁘다고 말하고 싶을 때 어떻게 말할까요?

A: 그동안 어떻게 지냈어요?
B: 이사하고 짐 정리하느라 ______________________.

① 바쁠 틈도 없었어요 ② 눈코 뜰 새 없이 바빴어요

③ 정신 없지는 않았지만 바빴어요

(4) 상대방의 거절에 괜찮다고 말하고 싶을 때 어떻게 말할까요?

A: 죄송해요. 저도 부탁을 들어 드리고 싶지만 어려울 것 같네요.
B: ______________________.

① 괜찮아요. 제가 무리했지요 ② 어쩔 수 없지요. 신경 썼네요

③ 뭘요. 신경 쓰게 해서 오히려 제가 더 미안해요

2. 다음 대화를 읽고 물음에 답하세요.

유키 마리야, 마침 잘 만났다. 안 그래도 너한테 전화하려던 참이었어.

마리 왜? 무슨 일인데?

유키 이번 주말에 뭐 해?

마리 왕치엔이랑 도서관에 가려고. 같이 공부하기로 했거든.

유키 그렇구나. 이번 주말에 우리 동호회에서 하는 크리스마스 파티에 같이 가고 싶었는데……. 재미있는 게임도 많이 하고 선물도 많이 준비했대.

마리 그래? 와! 나도 그 파티에 가고 싶다.

유키 그럼 이번 주말에 나하고 같이 파티에 가면 안 돼? ⓐ__________.

마리 글쎄. 사실은 내가 아르바이트하느라 수업을 많이 빠졌잖아. 그래서 왕치엔한테 배운 것 좀 가르쳐 달라고 부탁했거든.

유키 그래도 이런 크리스마스 파티는 1년에 딱 한 번밖에 안 하니까 이번 기회를 놓치면 후회할 텐데…….

마리 ⓑ__________……. 내가 부탁했는데 약속을 취소하면 왕치엔이 짜증 낼 것 같아.

유키 그럼 왕치엔도 데리고 가자. 왕치엔도 분명히 가고 싶어 할 거야. 틀림없다니까.

마리 그래? 그럼 왕치엔한테 얘기해 볼게.

(1) ⓐ에 들어갈 말로 알맞은 것은 무엇입니까?

① 도서관은 늘 가는 거거든　　② 도서관은 언제든지 갈 수 있잖아

③ 도서관은 매일같이 갈 수밖에 없잖아

(2) ⓑ에 들어갈 말로 알맞지 <u>않은</u> 것은 무엇입니까?

① 음, 그렇다면　　② 글쎄, 그건 알지만

③ 어떡하지? 그렇긴 하지만

(3) 대화의 내용과 <u>다른</u> 것은 무엇입니까?

① 마리는 유키의 말을 듣고 망설이고 있다.

② 마리는 크리스마스 파티에 별로 관심이 없다.

③ 유키는 마리에게 크리스마스 파티에 같이 가자고 설득하고 있다.

3. 다음 대화를 읽고 물음에 답하세요.

줄리앙 프랑크, 공부 잘돼? 바빠 보여.

프랑크 응, 말도 마. 다음 주에 시험이 5개나 있는 데다가 발표까지 겹쳐서 정신이 하나도 없어.

줄리앙 시험이 5개나 있어? 힘들겠다.

프랑크 도서관에 아침에 왔는데 지금까지 발표 준비하느라 점심도 못 먹었어.

줄리앙 아무리 그래도 밥은 먹어야지. 내가 좀 출출해서 지금 편의점에 가려고 하는데 뭐 좀 사다 줄까?

프랑크 그럼 네 거 사는 김에 커피랑 샌드위치도 좀 사다 줄래? 정말 고마워.

줄리앙 ⓐ<u>고맙긴. 별로 어려운 부탁도 아닌데 뭐.</u>

프랑크 그런데, 줄리앙. 미안한데 주말에 노트북 좀 빌려 줄 수 있어?

줄리앙 노트북? 음……, 글쎄. 노트북은 좀 그런데…….

프랑크 어떻게 좀 안 될까? 내 노트북이 고장 나서 수리를 맡겼는데 며칠 걸린대. 발표가 월요일이라서 리포트를 쓰려면 노트북을 빌릴 수밖에 없어서 너한테 이렇게 부탁하는 거야.

줄리앙 미안해서 어떡하지? 나도 ⓑ____________ 빌려 주고 싶은데 도저히 안 될 것 같아. 주말엔 노트북으로 이것저것 해야 되거든.

프랑크 어쩔 수 없지 뭐. 괜히 신경 쓰게 해서 오히려 내가 더 미안해.

(1) ⓐ와 바꿔 쓸 수 **없는** 것은 무엇입니까?

① 그렇게 어려운 일도 아닌데 고맙기는…….

② 전혀 힘든 일도 아닌데 고마울 수밖에…….

③ 그다지 힘든 일도 아닌데 그런 것 가지고 뭘…….

(2) ⓑ에 들어갈 말을 쓰세요.

____

(3) 대화의 내용과 **다른** 것은 무엇입니까?

① 줄리앙은 프랑크에게 노트북을 못 빌려 줘서 미안해하고 있다.

② 프랑크는 다음 주에 시험에다가 발표까지 있어서 정신없이 바쁘다.

③ 줄리앙은 프랑크의 커피와 샌드위치를 사기 위해서 일부러 편의점에 가야 한다.

읽어 봅시다

1. 다음은 설득의 기술에 대해서 설명하는 글입니다. 읽고 물음에 답하세요.

설득의 기술

우리는 살면서 상대방과 의견이 부딪칠 때가 종종 있다. 그러나 상대방의 감정을 상하지 않게 잘 설득하기란 말처럼 쉽지 않다. 상대방과 오해 없이 대화를 나누고 상대방을 잘 설득하려면 어떻게 해야 할까?

먼저 상대방의 말에 귀를 기울여야 한다. 서로의 생각을 말하기 전에 상대방의 생각과 의견, 그런 생각을 하게 된 이유까지 신경 쓴다면 상대방을 이해하는 데 도움이 될 것이다.

두 번째, 상대방을 이해했다면 ⓐ ______________________ 를 하는 것이 좋다. 그러면 상대방이 이야기에 공감할 수 있고 자기를 이해한다고 느낄 것이다. 그래서 상대방은 마음을 열고 이야기를 쉽게 받아들이게 될 것이다.

마지막으로 상대방을 배려하는 표현과 태도로 이야기하는 것이 좋다. 상대방을 배려하는 따뜻한 분위기는 상대방에게 믿음과 친밀감을 주기 때문에 상대방의 마음을 움직일 수 있을 것이다. 만약 상대방이 말을 하려고 할 때 상대방의 말을 끊고 내 의견만 이야기하거나 감정적으로 이야기한다면 결국 대화가 끊길 수밖에 없을 것이다.

상대방을 설득할 때 합리적이고 논리적으로 말하는 것도 중요할 것이다. 그렇기는 하지만 상대방을 설득하는 것이 목적이 아니라 서로 만족할 수 있고 기분 좋은 설득을 하기 위해서는 어떤 태도로 이야기해야 할지도 생각해 보는 것이 좋겠다.

(1) ⓐ에 들어갈 수 있는 말은 무엇입니까?

① 전문적인 이야기

② 웃을 수 있는 가벼운 이야기

③ 상대방의 상황과 비슷한 이야기

(2) 다음 사람 중 위 글을 잘 이해한 사람은 누구입니까?

① 이치로 : 회의 중 자신과 의견이 맞지 않는 사람의 말은 무시했다.

② 제임스 : 공부를 포기하려는 친구에게 관심을 갖고 그 이유를 물어보았다.

③ 줄리앙 : 친구와 여행 계획을 세울 때 마음에 들지 않아도 친구의 의견을 따랐다.

(3) 글의 내용과 **다른** 것은 무엇입니까?

① 상대방을 배려하는 말은 상대방의 마음을 움직일 수 있다.

② 상대방이 이야기하기 전에 나의 의견을 먼저 말하는 것이 좋다.

③ 상대방의 마음을 열기 위해서는 먼저 상대방을 이해하는 것이 중요하다.

2. 다음은 인터넷에 올라온 대인 관계에 대한 상담의 글입니다. 읽고 물음에 답하세요.

Q 대인공포증이 너무 심합니다. 도와주세요.

저는 27세의 미혼 남성입니다. 대인공포증이 한 살 한 살 먹을수록 심해집니다. 사람들과 눈이 마주치면 온몸이 떨리고 저에게 말을 시킬까 봐 두렵습니다. 예전에는 잘 모르는 사람들 앞에서만 그랬는데 이젠 친한 친구와의 만남도 어색합니다. 앞으로 취직도 하고 결혼도 해야 하는데 사회생활하는 것이 너무 어렵습니다. 어떻게 하면 좋을까요?

A re: 대인공포증이 너무 심합니다. 도와주세요.

안녕하세요? 저도 대인공포증으로 10년 정도 고생한 사람이라서 그 고통을 누구보다 잘 압니다. 저는 병원에 가서 상담과 치료를 받고 지금은 문제없이 사회생활을 하고 있습니다. 혼자 고민하지 마시고 용기를 내서 병원에 가 보세요.

(1) 질문한 사람은 무엇에 대해서 상담하려고 글을 썼습니까?

① 직장을 구하는 것 ② 혼자 병원에 가는 ③ 사람들과 어울리는 것

(2) 글의 내용과 같은 것은 무엇입니까?

① 질문한 사람은 많은 사람들 앞에서 이야기하는 것이 두렵고 불안하다.

② 답글을 쓴 사람은 병원에서 상담과 치료를 받아 보라고 조언하고 있다.

③ 답글을 쓴 사람은 전문 상담원이기 때문에 질문한 사람의 고통을 이해하고 있다.

써 봅시다

다음은 시험을 준비하는 사람들의 유형입니다. 다음을 읽고 분류의 글을 완성하세요.

시험을 준비하는 사람들의 유형

(1) 유형 1	철저하게 시험을 준비하는 사람들
(2) 유형 2	시험을 잘 준비하지 않는 사람들
특징	· 공부에 대한 의욕이 별로 없어서 시험 준비를 잘 하지 않는다. · 시험 전에 어쩔 수 없이 밤을 새운다. · 시간적인 여유가 없어서 몸이 힘들고 스트레스도 많이 받는다.
(3) 유형 3	현실을 도피하는 사람들

시험에 대처하는 자세

우리는 학교에 들어가는 순간부터 졸업해서 취직할 때까지 많은 시험을 치게 된다. 쪽지 시험에서부터 취직 면접시험까지 크고 작은 시험이 우리를 기다리고 있다. 그리고 우리는 시험을 잘 보기 위해서 시험 준비를 하는데 그 방법은 사람마다 다양하다.

어떤 사람들은 시험을 준비할 때 철저하게 준비한다. 이러한 유형의 사람들은 1~2주일 전부터 시험 준비를 시작한다. 시험 준비를 잘하니까 시험을 잘 볼 뿐만 아니라 시험 준비할 때 시간적인 여유도 있다. 그래서 시험 전에도 서두를 필요가 없고 시험 준비하느라 스트레스를 많이 받지도 않는다.

이와는 달리 ______________________________

____

____

또 다른 유형은 현실을 도피하는 사람들이다. 이런 사람들은 공부나 시험 준비에 대한 의욕은 있지만 책상 앞에 앉아서 공부를 시작하려고 하면 해야 할 일거리들을 생각한다. 책상에 앉은 김에 책상 정리를 하거나 소설책 같은 것을 읽기도 한다. 그리고 만약 컴퓨터로 과제를 하게 될 때는 컴퓨터로 인터넷을 하거나 드라마를 보는 사람도 있다.

사람마다 성격과 취향이 다른 것처럼 시험에 대처하는 방법 또한 이렇게 사람마다 다르다. 그런데 시험을 잘 보기 위한 공부 방법에는 정답이 없을지도 모른다. 자신에게 맞는 방법을 찾아서 공부하는 것이 제일 좋은 비법이 아닐까 생각한다.

제 14 과 외국 생활 Living Abroad

어휘

1. 알맞은 것을 골라 대화를 완성하세요.

긴장하다	양보하다	오해하다

(1) A: 안나 씨, 이번 기말시험 잘 봤어요?

B: 아니요. 시험을 볼 때 너무 ________________ 시험을 망쳤어요.

(2) A: 아키라 씨, 줄리앙 씨하고 화해했어요?

B: 네. 제가 줄리앙 씨를 좀 ________________ 같이 이야기를 나누면서 풀었어요.

(3) A: 한국에서는 지하철이나 버스에서 특별히 지켜야 할 예절이 있어요?

B: 글쎄요. 보통 지하철이나 버스에서는 할머니나 임산부에게는 자리를 ________________ 게 예의예요.

2. 알맞은 것을 골라 문장을 완성하세요.

벌떡	살살	무사히	가지런히

(1) 이 사탕은 입에서 ________________ 녹는다.

(2) 줄리앙 씨 집에 가 보니까 옷이 옷장에 ________________ 정리되어 있었다.

(3) 아키라 씨는 아침에 시계를 보고 깜짝 놀라서 침대에서 ________________ 일어났다.

(4) 제이슨 씨는 신제품 발표 준비를 잘 못해서 걱정을 많이 했지만 ________________ 발표를 마쳤다.

3. 알맞은 것을 골라 문장을 완성하세요.

입에 맞다	무릎을 꿇다	예의에 어긋나다

(1) 수업 시간에 껌을 씹는 건 ________________ 행동이다.

(2) 방학 동안 해외여행을 했는데 음식이 ________________ 않아서 고생했다.

(3) 어릴 때 동생하고 싸울 때마다 어머니는 ________________ 반성하라고 하셨다.

4. 알맞은 것을 골라 대화를 완성하세요.

맨입	맨발	맨밥	맨손	맨바닥

(1) A: 제가 집들이 준비를 도와 드릴게요.

B: ____________ (으)로 부탁하기 미안한데, 제가 나중에 밥을 살게요.

(2) A: 모래 위에 ____________ (으)로 다니면 다칠 수도 있어.

B: 알았어. 조심할게.

(3) A: 안나 씨, 어디 아파요? 불편해 보여요.

B: 아, 네. 어깨하고 허리가 너무 아파요. 저는 원래 침대에서 자는데 어젯밤에는 ____________ 에서 잠들었거든요.

(4) A: 율리아 씨, 오늘 수업 후에 뭐 할 거예요?

B: 오늘은 집에 가서 반찬을 좀 만들려고요. 아침에 먹을 게 없어서 ____________ 만 먹었거든요.

(5) A: 유키 씨, 서랍 안에 고무장갑이 있어요.

B: 저는 원래 고무장갑을 안 끼고 ____________ (으)로 설거지해요.

준비합시다

01 -(으)ㄴ/는 척하다

1. 알맞은 것을 골라 ◯ 표 하세요.

(1) 친구들이 지난주에 본 영화에 대해서 이야기하는데 나는 안 본 영화였지만 그냥 (본 척했다, 보는 척했다).

(2) 버스에서 할머니가 내 앞으로 오셨는데 자리를 양보하고 싶지 않아서 (잔 척했다, 자는 척했다).

(3) 친구가 한국어 문법에 대해 물어봤는데 잘 모르는 문법이었지만 (안 척하면서, 아는 척하면서) 대충 가르쳐 줬다.

(4) 친구가 소설책 '토지'를 읽어 봤냐고 물었는데 안 읽었지만 (읽은 척했다, 읽는 척했다).

2. 알맞은 것을 골라 대화를 완성하세요.

춥다	공부하다	재미있다	잊어버리다

(1) A: 아키라 씨, 아까 수업 시간에 보니까 정말 열심히 공부하던데요.

B: 사실은 만화책을 보고 있었는데 선생님이 제 옆으로 오셔서 ______________________.

(2) A: 율리아 씨, 남편이 생일 선물로 반지를 줬다면서요?

B: 네. 그런데 생일날 아침까지도 남편이 제 생일을 ______________________.

(3) A: 하오밍 씨, 감기 걸렸어요?

B: 어제 여자 친구가 너무 추워해서 재킷을 벗어 줬는데, 그다음부터 기침을 해요.

A: 어제요? 어제 정말 추웠잖아요.

B: 네, 추웠어요. 그렇지만 여자 친구 앞에서는 안 ______________________.

(4) A: 어제 제이슨 씨와 본 영화 어땠어요? 재미있었어요?

B: 아니요. 정말 재미없었어요. 그런데 제이슨 씨가 추천한 영화라서 제이슨 씨 앞에서는 ______________________.

02 -(으)ㄴ 채로

1. 표를 보고 다음 보기와 같이 문장을 완성하세요.

	사람	실수	상황
보기	유키	차 열쇠를 차에 꽂아 놓았다	차 문을 잠갔다
(1)	흐엉	화장을 안 지웠다	잠이 들었다
(2)	마리	카메라에 배터리를 넣지 않았다	사진을 찍었다
(3)	제이슨	지하철 선반에 가방을 올려놓았다	지하철에서 내렸다

보기 유키 씨는 차 열쇠를 차에 꽂아 놓은 채로 차 문을 잠갔다.

(1) 흐엉 씨는 ______________________________.

(2) 마리 씨는 ______________________________.

(3) 제이슨 씨는 ______________________________.

2. 알맞은 것을 골라 대화를 완성하세요.

두다	신다	켜다

(1) A: 제이슨 씨, 어디 가요?

B: 저 잠깐 마트 좀 다녀올게요. 오늘 아침에 늦잠을 자서 정신없이 나왔는데 지금 보니까 슬리퍼를 ______________ 회사에 왔네요. 싼 신발이라도 한 켤레 사야겠어요.

(2) A: 줄리앙 씨, 뭐 찾아요?

B: 휴대 전화요. 아침에 가지고 나온 줄 알았는데, 책상 위에 ______________ 그냥 나왔나 봐요.

(3) A: 가스레인지에 냄비를 올려놓고 불을 ______________ 나온 것 같아요.

B: 혹시 모르니까 빨리 다시 집에 가 보세요.

03 -(으)ㄹ 뻔하다

1. 알맞은 것을 골라 문장을 완성하세요.

수업에 늦다	교통사고가 나다	친구를 못 만나다	버스에서 넘어지다

(1) 유키 씨는 늦잠을 자서 ____________________.

(2) 마리 씨는 신호등을 잘못 봐서 ____________________.

(3) 흐엉 씨는 버스가 갑자기 서는 바람에 ____________________.

(4) 아키라 씨는 약속 장소를 착각해서 ____________________.

2. 알맞은 것을 골라 대화를 완성하세요.

잃다	없어지다	포기하다	큰일 나다

(1) A: 제이슨 씨, 무슨 일 있어요? 피곤해 보여요.
B: 어젯밤에 밤새워 컴퓨터를 고치느라고 한잠도 못 잤거든요. 컴퓨터가 고장 나서 신제품 발표 관련 파일이 모두 ____________________.

(2) A: 유키 씨, 안나 씨, 어서 오세요. 저희 집 찾기 어려웠지요?
B: 네, 율리아 씨 집에 오다가 길을 ____________________
다행히 중간에 유키 씨를 만나서 같이 왔어요.

(3) A: 제 동생이 어제 길에서 뛰다가 오토바이에 치였는데 다행히 아무 데도 안 다쳤어요.
B: 정말 ____________________.

(4) A: 유키 씨, 방학 때 한라산에 다녀왔다고요?
B: 네. 산에 올라갈 때는 너무 힘들어서 ____________________.
그런데 산 정상에서 아름다운 경치를 보자마자 올라오길 잘했다고 생각했어요.

04 -(으)ㄹ 테니까

1. 알맞은 것을 골라 대화를 완성하세요.

닦다 　　 맡다 　　 잡아 주다

(1) A: 오늘 대청소하기로 한 날이지? 뭐부터 할까?

B: 내가 창문을 ____________________ 넌 거실 청소를 해 줘.

(2) A: 아빠, 손 놓으면 안 돼.

B: 아빠가 자전거를 꼭 ____________________ 무서워하지 말고 타 봐.

(3) A: 우리 다음 주에 발표지? 발표문은 어떻게 준비할까?

B: 앞부분은 내가 ____________________ 뒷부분은 네가 완성해 줘.

2. 고객의 요청에 가게 점원이 대답합니다. 표를 보고 대화를 완성하세요.

	점원이 할 일	요청
(1)	교환해 드리다	영수증을 보여 주다
(2)	찾아보다	여기에서 잠깐만 기다리다
(3)	환불해 드리다	계산할 때 사용한 카드를 주다

(1) A: 집에 가서 다시 신어 보니까 좀 큰 것 같아요. 작은 사이즈로 바꿔 주시겠어요?

B: 네. 작은 사이즈 신발로 ____.

(2) A: 이 디자인으로 까만색 티셔츠는 없어요?

B: 까만색이 있는지 ____.

(3) A: 여기에서 옷을 샀는데 집에 가서 보니까 여기에 얼룩이 있더라고요. 그래서 환불받고 싶은데요.

B: 네, 고객님. ____?

말해 봅시다

1. 다음 물음에 답하세요.

(1) 사실과 다르게 행동한 점을 말할 때 어떻게 말할까요?

A: 절을 하다가 넘어졌다고요?
B: 너무 아팠지만 ____________________.

① 괜찮을 뻔했어요

② 큰일 난 척했어요

③ 아무렇지도 않은 체했어요

(2) 실수한 친구를 위로할 때 어떻게 말할까요?

A: 할머니께 절을 하다가 넘어져서 너무 부끄러웠어요.
B: ____________________.

① 신경이 쓰이네요. 한국 사람들은 그렇지 않은데요.

② 그럴 수도 있지요. 한국 사람들도 그럴 때가 있어요.

③ 괜찮을 수밖에 없어요. 한국 사람들도 종종 그렇거든요.

(3) 이웃을 초대할 때 어떻게 말할까요?

A: 제가 식사를 대접할 테니까 ____________________.
B: 네. 그리고 저희 집에도 오세요.

① 시간 괜찮을 때 올게요

② 아무 때나 연락 드릴게요

③ 언제 시간 되실 때 저희 집에 놀러 오세요

(4) 인용해서 말할 때 어떻게 말할까요?

A: 앞으로 잘 부탁 드릴게요.
B: 앞으로 친하게 지내요. ____________________.

① '이웃사촌'이에요

② '이웃사촌'이라고 합시다

③ '이웃사촌'이라는 말도 있잖아요

2. 다음 대화를 읽고 물음에 답하세요.

수진 친구 집에 초대받았다고 했지요? 잘 다녀왔어요?

안나 네, 지난주에 갔었어요.

수진 선물은 사 갔어요? 뭘 사 갈지 고민 많이 했었잖아요.

안나 네. 꽃다발하고 케이크를 사 갔어요. 그런데 친구 어머니께서 꽃을 안 좋아하시는 것 같아요.

수진 꽃을 안 좋아하신다고요?

안나 네. 제가 꽃을 드리니까 왜 이런 걸 사 왔냐고 하셨어요.

수진 아, 꽃을 안 좋아하셔서 그런 게 아니에요. 아무것도 안 사 와도 되는데 선물을 사 와서 너무 고맙다는 말을 그렇게 하신 거예요.

안나 그래요? 저는 제 선물이 마음에 안 드셔서 그러시는 줄 알고 걱정했어요.

수진 친구 집에서 맛있는 건 많이 먹었어요?

안나 네. 친구 어머니께서 해 주신 음식이 ⓐ____________. 참, 그런데 한국에서는 어른 앞에서 다리를 꼬면 안 돼요?

수진 네. 한국에서는 ⓑ<u>어른 앞에서 다리를 꼰 채로 앉으면 안 돼요</u>.

안나 그래요? 저는 어른 앞에서 다리를 꼬고 앉으면 안 되는 줄 몰랐어요.

(1) ⓐ에 들어갈 말로 알맞지 <u>**않은**</u> 것은 무엇입니까?

① 모두 제 입에 딱 맞았어요 ② 음식이 입에서 살살 녹았어요

③ 음식이 제 입에는 좀 안 맞았어요

(2) ⓑ와 바꿔 쓸 수 있는 것은 무엇입니까?

① 어른 앞에서 다리를 꼬고 앉아야 돼요

② 어른 앞에서 다리를 꼰 채로 앉는 건 예의가 아니에요

③ 어른 앞에서 다리를 꼰 채로 앉는 건 예의 바른 행동이에요

(3) 대화의 내용과 <u>**다른**</u> 것은 무엇입니까?

① 안나는 친구 집에 꽃과 케이크를 사 갔다.

② 안나는 친구 집에 가기 전에 선물 때문에 고민을 많이 했다.

③ 안나는 친구 어머니께서 자신의 선물을 마음에 들어 하신다고 생각했다.

3. 다음 대화를 읽고 물음에 답하세요.

율리아 안녕하세요? ⓐ______________. 저는 어제 305호로 이사 왔어요.
경비 아, 그러세요? 그러고 보니 처음 뵙는 분 같네요.
율리아 한국에 온 지 얼마 안 됐고 아파트 생활은 처음이니까 많이 도와주세요.
경비 주변에 편의 시설이 많이 있어서 불편하신 점은 별로 없으실 거예요. 단지 내에 마트가 있는 상가도 있어요.
율리아 근처에 세탁소도 있나요?
경비 아파트 단지 내에는 없고 큰길로 나가는 길에 있어요. 그런데 매주 월요일이 정기 휴일이에요.
율리아 그렇군요. 오늘이 월요일이지요? 오늘 세탁소에 옷을 맡기려고 했는데 '가는 날이 장날'이라고 ⓑ______________________.
경비 네. 오늘은 문을 닫았을 거예요. 아, 그런데 쓰레기 버리는 시간은 아세요?
율리아 쓰레기 버리는 시간이 있어요?
경비 네. 쓰레기는 매일 오전 중에 경비실 앞에 버리시면 되고, 재활용 쓰레기는 매주 토요일 아침에 주차장 옆에 버리세요.
율리아 알겠습니다. 알려 주셔서 감사합니다. 앞으로도 잘 부탁드리겠습니다.
경비 걱정하지 마세요. 부탁하실 게 있으시면 언제든지 연락하세요.

(1) ⓐ에 들어갈 말로 알맞은 것은 무엇입니까?

① 이제야 인사드립니다 ② 우리 어디에서 만났지요
③ 이제는 인사드릴 수 있게 되었습니다

(2) ⓑ에 들어갈 말로 알맞지 **않은** 것은 무엇입니까?

① 헛걸음칠 뻔했네요 ② 헛수고할 뻔했네요
③ 괜히 헛걸음했네요

(3) 대화의 내용과 **다른** 것은 무엇입니까?

① 월요일에는 세탁소가 문을 닫는다.
② 율리아 씨는 전에도 아파트에서 살았다.
③ 재활용 쓰레기는 주차장 옆에 버려야 된다.

읽어 봅시다

1. 다음은 추석맞이 행사에 대한 신문 기사입니다. 읽고 물음에 답하세요.

ⓐ ______________________

서울시는 지난 15일 오전 10시에 시청에서 베트남, 필리핀, 중국 등에서 온 100여 명의 외국인을 대상으로 한국 문화 체험 행사를 준비했다. 이날 행사는 문화적 차이 때문에 어려움을 겪고 있는 외국인이 한국의 문화를 이해할 수 있도록 돕기 위해서 마련되었다.

이날 행사에는 한국인과 결혼한 여성이 주로 참여했다. 그리고 이들에게 추석을 맞아 차례 상 차리는 방법, 한복 입는 방법, 절하는 방법 등에 대해 설명해 주는 시간을 가졌다.

행사가 끝난 후, 베트남에서 온 티 마이 씨는 "한복 입는 방법을 몰라서 항상 가만히 선 채로 가족들이 입혀 주기만 기다렸는데 이제부터는 혼자 한복을 입을 수 있을 것 같아요."라고 말하면서 이번 행사에 만족한다고 했다. 또 중국에서 온 지 2년 정도 된 전리첸 씨는 "그동안 절을 하는 방법을 몰라서 주위 사람들을 보면서 비슷하게 하는 척했는데 이번에 절하는 방법을 제대로 배워서 좋았어요."라고 했다. 필리핀에서 온 제냐 씨는 "차례 음식을 준비할 때 가족들에게 이제 제가 준비할 테니까 지켜보라고 이야기할 수 있을 것 같아요. 오늘 안 왔으면 큰일 날 뻔했어요."라고 하면서 밝게 웃었다.

서울시 관계자는 이번 행사로 외국에서 온 사람들이 한국 문화를 좀 더 친근하게 느낄 수 있기를 바란다고 하면서 앞으로도 이런 행사를 많이 만들겠다고 했다.

이민지 기자

(1) ⓐ에 맞는 제목은 무엇입니까?

① 서울에 거주하는 외국인 수 늘어나　② 외국인, 문화 차이 때문에 한국 생활 어려워

③ 서울시, 추석맞이 한국 문화 체험 행사 열어

(2) 글의 내용과 **다른** 것은 무엇입니까?

① 이 행사에서 차례 상 차리는 방법을 배울 수 있다.

② 중국에서 온 전리첸 씨는 한복 입는 방법을 배워서 좋았다.

③ 서울시는 앞으로도 한국 문화를 알려 주는 행사를 많이 만들 것이다.

2. 다음은 외국 생활을 할 때 볼 수 있는 공고입니다. 읽고 물음에 답하세요.

이화여자대학교 언어교육원에서는 이번 학기에 아래와 같은 한국 문화 특강을 개설합니다. 특강은 한국어로 진행됩니다. 관심 있는 분들의 많은 참여를 부탁드립니다.

- 주제: 외국인을 위한 한국 전통 음악 체험
- 기간: 2012년 8월 1일~8월 29일 매주 월요일 14시~15시
- 장소: 학생문화관 101호
- 강사: 이지영 (한국학 박사)
- 문의처: 02-3277-3185

(1) 무엇에 대한 글입니까?

① 전통 음악회 안내

② 한국 문화 특강 안내

③ 한국 전통 음악 소개

입주자 구함

- 방 크기: 20m^2
- 가격: 보증금 1,000만원, 월세 45만원
- 위치: 이대역 도보 5분
- 화장실, 욕실, 부엌 공동 사용
- 조식, 석식 제공
- 전화: 02-211-1234

※ 여성 전용
※ 외국인 학생도 환영!

(2) 글의 내용과 같은 것은 무엇입니까?

① 여자만 살 수 있다.

② 개인 화장실이 있다.

③ 하루 세 끼를 제공한다.

써 봅시다

다음은 문화 차이를 느꼈던 경험을 그린 그림입니다. 다음을 보고 문화 차이에 대한 경험의 글을 완성하세요.

한국의 식사 문화

나라나 문화에 따라 식사 문화에도 차이가 있다. 한국인들이 한 그릇에 담긴 찌개를 같이 먹는 모습을 외국인들이 처음 본다면 이상하게 생각할 것이다. 그러나 한국인은 국이나 찌개를 한 그릇에 담아서 같이 먹는 것을 정을 나누는 것으로 생각한다. 하지만 우리나라에서는 자기 음식은 각자의 그릇에 담아서 먹는다. 이러한 문화 때문에 외국인들이 한국인들과 함께 식사할 때 당황하는 경우가 있다. 또한 만약에 한국에서 다 같이 찌개를 먹는데 혼자만 따로 먹으려고 한다면 까다로운 사람이라고 오해받을 수도 있다.

나도 한국에 온 지 일주일쯤 됐을 때 친구들에게 오해받을 뻔한 경험이 있다. 한국에 와서 처음으로 한국 친구들과 부대찌개를 먹으러 간 날이었다. 나는 친구 두 명과 함께 부대찌개 3인분을 시켰다. 잠시 후 부대찌개 냄비가 하나만 나와서 나는 내가 주문한 부대찌개가 나오기를 기다렸다.

____

____

____

____

이처럼 여러 나라의 식사 문화는 다르지만, 우리는 상대방의 문화를 이해하고 그 문화를 존중하는 자세를 가져야 할 것이다. 또한 각 나라마다 문화 차이는 있겠지만 함께 식사를 하면서 정을 쌓고, 정을 나누려고 하는 마음은 모두 같을 것이다.

제15과 인생과 선택

Life & Choice

어휘

1. 의미가 반대인 것을 찾아 연결하세요.

(1) 한가롭다 ·	· ① 바쁘다
(2) 겸손하다 ·	· ② 모자라다
(3) 넉넉하다 ·	· ③ 무시하다
(4) 존중하다 ·	· ④ 거만하다
(5) 성공하다 ·	· ⑤ 실패하다

2. 알맞은 것을 골라 문장을 완성하세요.

남몰래　　밤낮없이　　계획대로　　쏜살같이

(1) 수업이 끝나자마자 아이들이 ______________ 교실 밖으로 달려 나갔다.

(2) 내 친구는 방학 동안에도 쉬지 않고 ______________ 아르바이트를 해서 스스로 등록금을 마련했다고 한다.

(3) 나는 유학 온 지 얼마 안 됐을 때는 고향에 있는 가족이 너무 그리워서 아무도 없는 곳에서 ______________ 울곤 했다.

(4) 제주도에서 며칠 더 묵고 싶었지만 처음 ______________ 일요일 저녁 비행기로 서울에 돌아왔다.

3. 알맞은 것을 골라 대화를 완성하세요.

꼽다	서먹하다	유망하다	극복하다

(1) A: 한국을 대표하는 음식은 뭐예요?

B: 대부분의 사람들이 한국을 대표하는 음식으로 김치를 ______________.

(2) A: 이게 앞으로 돈을 많이 벌 수 있는 ______________ 사업이래요.

B: 그래요? 그럼 저도 그 사업을 한번 해 볼까요?

(3) A: 아까 본 친구랑 별로 안 친하지? 좀 ______________ 보이던데.

B: 응. 만난 지 얼마 안 돼서 아직은 좀 그래.

(4) A: 요즘 경제적인 어려움을 ______________ 못해서 이혼하는 사람들이 많대.

B: 그래? 경제적으로 힘들수록 서로 아껴 주면서 잘 살아야 하는데.

4. 알맞은 것을 골라 대화를 완성하세요.

미래가 밝다	미래를 준비하다	미래를 내다보다	미래가 불투명하다

(1) A: 이번 대회에서 우리 선수들이 정말 잘하지 않았습니까? 앞으로도 기대가 됩니다.

B: 네. 우리 선수들이 정말 자랑스럽고 한국 축구의 ______________ 생각이 듭니다.

(2) A: 이 직업학교 학생들의 열정은 정말 대단하군요.

B: 그렇죠? 모두들 꿈을 키우면서 열심히 ______________.

(3) A: 앞으로 10년 후에는 어떤 직업이 인기가 있을까요?

B: 글쎄요. ______________ 것이 쉽지는 않지만 역시 IT 분야가 인기가 있지 않을까 생각합니다.

(4) A: 왜 전공을 바꾸려고 해요?

B: 공부를 하다 보니까 ______________ 것 같아서요.

준비합시다

01 -아/어 오다

1. 다음 대화를 완성하세요.

(1) A: 유키 씨는 언제부터 요가를 했어요?

B: 저는 3년 전부터 요가를 ______________________.

(2) A: 율리아 씨는 이 라디오 방송을 들은 지 오래됐어요?

B: 네. 1년 전부터 이 방송을 ______________________.

(3) A: 소라 씨는 피부가 참 좋아 보이네요. 이 화장품 오래 썼어요?

B: 네. 대학 때부터 ______________________ 정말 좋아요.

2. 알맞은 것을 골라 대화를 완성하세요.

살다	돕다	배우다	연습하다

(1) A: 영민 씨, 제가 일 때문에 지방으로 가게 됐는데 지방 생활은 어때요?

B: 글쎄요. 저도 태어나서 지금까지 서울에서만 ______________________ 지방 생활은 잘 몰라요.

(2) A: 마리 씨는 지금까지 한국어를 ______________________ 가장 어려웠던 게 뭐예요?

B: 처음 한글을 배울 때가 가장 어려웠어요.

(3) A: TV에서 봤는데 가수 김민수가 아무도 몰래 지난 5년 동안 어려운 이웃을 ______________________.

B: 와, 정말 대단한 사람이네요.

(4) A: 기타 새로 샀어요? 좋아 보이네요.

B: 네, 그동안 친구한테 빌린 기타로 ______________________ 이번에 큰맘 먹고 하나 샀어요.

02 -곤 하다

1. 다음 대화를 완성하세요.

(1) A: 흐엉 씨는 베트남에서 왔지요? 고향 생각 많이 나겠어요.

B: 네. 그래서 저는 고향 생각이 나면 베트남 식당에 ______________________.

(2) A: 수진 씨는 스트레스를 어떻게 풀어요?

B: 저는 스트레스가 많이 쌓일 때는 조용한 음악을 ______________________.

(3) A: 초등학교 때 방학이 되면 뭘 하면서 보냈어요?

B: 친구들과 하루 종일 게임하면서 시간을 ______________________.

(4) A: 한국어 발음이 정말 좋은데 어떻게 연습했어요?

B: 한국에서 공부할 때 제 목소리를 녹음해서 들으면서 발음을 ______________________.

2. 알맞은 것을 골라 대화를 완성하세요.

드라마를 보다	소설책을 읽다	머리를 식히다	아르바이트를 하다

(1) A: 영민 씨는 대학에 다닐 때 아르바이트를 많이 해 봤어요?

B: 물론이죠. 방학 때마다 이런저런 ______________________.

(2) A: 제이슨 씨는 어떻게 요즘 유행하는 한국말을 잘 알아요?

B: 저는 시간이 날 때마다 한국 TV ______________________. 그래서 많이 알게 된 것 같아요.

(3) A: 치엔 씨는 한가할 때 뭘 하면서 보내요?

B: 저는 한가할 때 그동안 공부하느라고 못 읽었던 ______________________.

(4) A: 유키 씨는 한국어 공부가 잘 안 될 때 어떻게 해요?

B: 저는 공부가 안될 때 보통 영화를 보면서 ______________________.

03 -다 보면

1. 다음 대화를 완성하세요.

(1) A: 여행을 하면서 음식이 입에 안 맞아서 고생을 좀 했어요.

B: 여행을 ________________ 그럴 때가 있어요.

(2) A: 요즘 부쩍 눈이 나빠진 것 같아요.

B: 그렇게 매일 오랜 시간 텔레비전을 ________________ 눈이 나빠질 수밖에 없어요.

(3) A: 요즘 스트레스를 많이 받아서 그런지 공부가 통 안 돼요.

B: 공부를 ________________ 잘될 때도 있고 잘 안 될 때도 있으니까 힘내요.

(4) A: 저, 실례지만 신촌역에 가려면 어느 쪽으로 가야 하지요?

B: 신촌역요? 이쪽으로 100미터쯤 쭉 ________________ 보일 거예요.

(5) A: 이 계란은 얼마나 더 저어야 해요? 아직도 거품이 안 생겨요.

B: 계속 더 ________________ 거품이 생길 거예요.

2. 알맞은 것을 골라 ◯ 표 하세요.

(1) 규칙적으로 운동을 (하다 보니까, 하다 보면) 전에 비해 건강이 좋아졌어요.

(2) 매일 한국 신문이나 잡지를 (읽다 보니까, 읽다 보면) 읽기 실력이 늘 거예요.

(3) 좋아하는 드라마를 (보다 보니까, 보다 보면) 저도 모르게 스트레스가 풀린 것 같아요.

(4) 한국 친구와 자주 만나서 (이야기하다 보니까, 이야기하다 보면) 말하기에 자신감이 생겼어요.

(5) 고객을 (상대하다 보니까, 상대하다 보면) 까다로운 고객들도 만날 수 있으니까 너무 신경 쓰지 마세요.

04 -(으)려다가

1. 다음 대화를 완성하세요.

(1) A: 어제 유키 씨 만났어요?

B: 아니요. 유키 씨를 ______________ 너무 피곤해서 집에서 그냥 쉬었어요.

(2) A: 주말에 등산 갔다 왔어요?

B: 아니요. ______________ 못 갔어요. 갑자기 일이 생겨서요.

(3) A: 선생님께 전화드렸어요?

B: 아니요. 전화를 ______________ 시간이 너무 늦은 것 같아서 안 했어요.

(4) A: 어, 이 노래 CD 샀네요. 친구한테 빌려서 듣겠다고 하지 않았어요?

B: 네. 친구한테서 빌려서 ______________ 노래가 너무 좋아서 그냥 샀어요.

2. 알맞은 것을 골라 대화를 완성하세요.

쉬다	살다	짓다	도전해 보다

(1) A: 주말에 뭐 했어요? 또 집에만 있었어요?

B: 아니요. 집에서 ______________ 날씨가 좋아서 공원에서 운동을 했어요.

(2) A: 이번에 말하기 대회에 나갈 거예요?

B: 아니요. ______________ 포기했어요. 저한테는 아직 무리인 것 같아서요.

(3) A: 이사하기로 했다면서요?

B: 네. 내년까지 하숙집에 ______________ 친구가 같이 살자고 해서 이사를 가기로 했어요.

(4) A: 어? 여기 공원이 생겼네요.

B: 네. 그런데 처음에 공장 건물을 ______________ 주민들이 반대해서 결국은 공원을 만들었대요.

말해 봅시다

1. 다음 물음에 답하세요.

(1) 하던 일을 포기하려는 사람을 설득할 때 어떻게 말할까요?

A: 공부를 그만두고 싶어요.
B: 여기에서 포기할 수는 없잖아요. ____________________.

① 말도 마세요 ② 잘 생각했어야지요
③ 다시 생각해 보세요

(2) 다른 사람과 비교해서 자신을 겸손하게 말할 때 어떻게 말할까요?

A: 아키라 씨, 한국어를 정말 잘하네요.
B: ____________________.

① 별말씀을요. 마리 씨만큼은 할 수 있어요
② 뭘요. 마리 씨 따라가려면 아직 멀었어요
③ 아니에요. 마리 씨보다 더 잘할 수 있어요

(3) 시간이 빨리 지나갔음을 말할 때 어떻게 말할까요?

A: 방학이 벌써 다 끝났어요.
B: 맞아요. ____________________.

① 방학이 벌써 내일모레네요
② 방학이 끝난 지 엊그제 같은데요
③ 방학이 정말 쏜살같이 지나갔어요

(4) 상대방의 말을 인정하면서 자신의 생각은 분명히 말하지 않고 말끝을 흐릴 때 어떻게 말할까요?

A: 어렵다고 바로 포기해 버리는 건 좋지 않아요.
B: ____________________…….

① 그 말이 맞나 ② 그 말이 맞긴 하지만 ③ 그게 맞는지 잘 모르겠는데

2. 다음 대화를 읽고 물음에 답하세요.

마리 하오밍 씨, 여기 이 사진 속의 남자 분이 누구예요?

하오밍 제가 세상에서 가장 존경하고 닮고 싶은 분이에요.

마리 그래요? 누군데요? 유명한 분인가요?

하오밍 아니요. 전혀 유명한 분은 아니에요. 바로 제 고등학교 선생님이세요.

마리 아, 그렇군요. 어떤 분이신데요? 하오밍 씨가 존경하는 분이라고 하니까 정말 궁금해지는데요.

하오밍 저희 선생님은 20년 동안 학생들을 가르쳐 오셨는데 항상 우리들의 고민을 들어 주시고 친구처럼 대해 주시곤 하셨어요.

마리 정말 멋진 선생님이시네요.

하오밍 그뿐만 아니라 얼마 안 되는 ⓐ________________ 생활이 어려운 학생들을 도와주곤 하셨어요.

마리 와, 그런 선생님은 ⓑ정말 흔치 않은 것 같아요.

하오밍 맞아요. 저도 나중에 그 선생님처럼 좋은 선생님이 되고 싶어요.

마리 하오밍 씨는 꼭 그런 선생님이 될 거예요.

(1) ⓐ에 들어갈 말로 알맞지 **않은** 것은 무엇입니까?

① 월급을 쪼개서

② 월급을 아껴서

③ 월급을 줄여서

(2) ⓑ와 바꿔 쓸 수 있는 것은 무엇입니까?

① 정말 드문 것 같아요

② 정말 많은 것 같아요

③ 쉽게 찾을 수 있어요

(3) 대화의 내용과 같은 것은 무엇입니까?

① 두 사람은 한 유명 인물의 사진을 보고 있다.

② 하오밍은 자신의 고등학교 선생님을 많이 닮았다.

③ 하오밍의 선생님은 경제적인 여유는 없지만 학생들을 도와주었다.

3. 다음 대화를 읽고 물음에 답하세요.

제이슨 벌써 연말이네요. 올해도 정말 눈 깜짝할 사이에 지나갔어요.

김수진 그래요. 제이슨 씨는 내년에 고향으로 돌아간다고 했었죠?

제이슨 아, 그랬었죠. 그런데 돌아가려다가 서울에서 1년 더 근무하기로 했어요. 서울 생활이 저한테 잘 맞는 것 같아서요.

김수진 그랬군요. 잘됐네요.

제이슨 수진 씨는 외국으로 유학을 간다고 했었죠? 준비는 잘되고 있어요?

김수진 사실 유학 준비를 그만둘까 고민하고 있어요.

제이슨 네? 지난 1년 동안 열심히 준비해 왔잖아요. 여기서 그만두면 안 되죠.

김수진 그래도 외국어 공부가 힘드니까 자꾸 그런 생각이 들어요.

제이슨 그 마음도 이해는 되지만 힘들다고 중간에 포기하는 건 좋지 않다고 생각해요.

김수진 제이슨 씨 말이 틀린 건 아니지만…….

제이슨 ⓐ______________. 조금만 더 힘내서 하다 보면 좋은 결과가 있을 거예요. 기운 내요.

김수진 그래요. 제이슨 씨 ⓑ______________. 다시 잘 생각해 봐야겠어요.

(1) ⓐ에 들어갈 말로 알맞은 것은 무엇입니까?

① 누워서 떡 먹기라고 하잖아요

② 고생 끝에 낙이 온다고 하잖아요

③ 백문이 불여일견이라는 말도 있잖아요

(2) ⓑ에 들어갈 말로 알맞지 **않은** 것은 무엇입니까?

① 말이 많이 힘이 되네요 ② 말을 들으니까 힘이 들어요

③ 말을 들으니까 힘이 나네요

(3) 대화의 내용과 같은 것은 무엇입니까?

① 제이슨은 김수진이 유학 가는 것을 반대하고 있다.

② 제이슨은 내년에 고향으로 돌아갈 계획을 바꾸었다.

③ 김수진은 유학 비용 때문에 유학을 포기하려고 한다.

읽어 봅시다

1. 다음은 한 사람의 꿈을 향한 도전에 대한 글입니다. 읽고 물음에 답하세요.

한 소년의 꿈을 향한 도전

"난 너를 사랑해, 이 세상엔 너뿐이야. 소리쳐 부르지만……." 요즘 이 노래를 모르는 사람은 별로 없을 것이다. 바로 요즘 가장 인기 있는 가수 김민성의 노래이다. 노래보다도 외모나 춤이 더 중요한 요즘 대중가요 시장에서 키도 작고 잘생기지도 않은 가수 김민성의 성공은 더 의미가 있다고 할 수 있다. 김민성은 어떻게 지금 이 자리까지 오게 됐을까?

지금부터 10년 전, 12살 소년이던 김민성은 내성적인 성격에 친구도 많지 않고 별로 눈에 띄지도 않는 학생이었다. 그는 혼자 있는 것을 좋아해서 수업 후에는 주로 혼자 음악을 듣곤 했다. 힘들 때나 즐거울 때나 언제나 친구가 되어 주는 것은 노래였다. 그러던 어느 날 자신에게 힘이 되어 주는 노래를 다른 사람을 위해서 불러 보고 싶다는 생각이 들었다. 김민성은 그때부터 가수의 꿈을 키워 왔다. 그리고 처음엔 혼자 몇 시간씩 집에서 CD를 들으면서 노래를 따라 부르곤 했다.

그리고 김민성은 15살 때부터 오디션에 도전하기 시작했다. 그러나 현실은 그렇게 쉽지 않았다. 키가 작고 잘생기지도 않은 김민성의 노래를 귀 기울여 들어 주는 사람이 없었던 것이다. 하지만 그는 계속 도전하다 보면 언젠가는 가수가 될 기회가 꼭 찾아올 거라고 믿었다. 그리고 드디어 기회가 왔다. 그의 평범한 외모 뒤에 숨겨진 아름다운 목소리를 발견해 준 사람이 나타난 것이다.

이후 5년 동안의 준비 기간은 생각보다 훨씬 힘들었다. 중간에 여러 번 포기하려다가 마음을 고쳐먹고 연습에 매달렸다. 그리고 22살 김민성은 마침내 아름다운 목소리로 사람들의 마음을 사로잡기 시작했다.

(1) 무엇에 대한 글입니까?

① 한 가수의 성공담

② 노래에 얽힌 이야기

③ 중학생을 위한 직업 안내

(2) 글의 내용과 같은 것은 무엇입니까?

① 김민성은 지금 가수가 되기 위해 준비하고 있다.

② 김민성은 친구와 함께 노래를 즐겨 부르곤 했다.

③ 김민성은 외모 때문에 오디션에서 떨어진 적이 있다.

(3) 김민성은 어떻게 가수의 꿈을 갖게 되었습니까?

____

____

2. 다음은 인터넷 잡지에 실린 기사의 일부입니다. 읽고 물음에 답하세요.

마음이 따뜻해지는 비빔밥 이야기

무더운 날씨에도 서울공원에는 많은 할머니, 할아버지들이 모여 있었다. 매월 넷째 주 화요일, 이곳에 오면 '한국무역'에서 준비한 비빔밥을 드실 수 있기 때문이라고 했다. 8월 25일, 이날도 예외는 아니었다. 점심시간이 가까워져 올수록 '한국무역' 직원들의 발걸음도 더욱 빨라졌다. '사랑의 점심'을 대접하기 위해 나온 직원들의 얼굴은 환한 미소로 가득했다.

(1) 이 글에서 알 수 있는 것은 무엇입니까?

① 행사 장소 ② 행사 준비 기간 ③ 행사 참가 인원

(2) 글의 내용과 같은 것은 무엇입니까?

① 이 행사에서는 비빔밥이 무료로 제공된다.

② 이 행사는 어린이들을 위해서 매주 열린다.

③ '한국무역' 식당에서 비빔밥을 먹을 수 있다.

써 봅시다

다음은 흐엉의 미래 생활에 대해 쓴 것입니다. 다음을 읽고 미래의 자신에게 쓰는 글을 완성하세요.

유학 생활

외국 생활의 어려움을 극복하다
최고의 성적으로 대학원을 마치다

방송국 일

방송국에서 밤낮없이 일하다
좋은 프로그램을 만들어서 인정받다

미래의 나에게

흐엉, 축하해. 드디어 네가 20년 동안 꿈꾸어 오던 너의 회사를 열게 되었구나. 네가 정말 자랑스러워.

네가 한창 한국 문화에 빠져 있던 20대 초반에 너는 부모님의 걱정에도 네 꿈을 포기하지 않고 결국 한국 유학길에 올랐었지. 한국행 비행기 안에서 '이제부터 시작이야, 미래는 내 편이 될 거야!'라고 중얼거리던 네 모습이 떠오르는구나. ____________________

____

____

그리고 너는 곧장 고향으로 돌아가서 방송국에서 일을 시작했지. 그때 너는

____

____

____

하지만 너는 거기에서 멈추지 않고 너만의 방송 제작사를 만들고 싶다는 꿈을 향해 오늘까지 달려왔어.

너는 정말 열심히 살아왔어. 앞으로도 지금의 열정과 도전 정신을 잃지 않고 살다 보면 더 멋진 네가 기다리고 있을 거야. 흐엉, 지금부터 다시 시작이야! 새로운 도전을 다시 한 번 축하해!

정답

제8과 공연 *Performance*

어휘

1. (1) 출연하는데　(2) 연출하는　(3) 흥행하기가　(4) 평이 좋아

2. (1) 재미를 더했다　(2) 가슴이 뛰기　(3) 결혼식을 올린다

3. (1) 어이없어요　(2) 뛰어난　(3) 유치해요 / 유치한 것 같아요　(4) 적당한

4. (1) 두리번거려요　(2) 꼬르륵거려요　(3) 중얼거렸어 / 중얼거린 거야
(4) 깔깔거리면서 / 깔깔거리고

준비합시다

01 -ㄴ/는대요

1. (1) 왕치엔 씨가 자기 가족은 중국에서 산대요
(2) 제이슨 씨가 오늘 자기 생일이래요
(3) 유키 씨가 내일은 학교에 가지 않는대요
(4) 율리아 씨가 자기는 이번 방학 때 프랑스에 여행 갈 거래요

2. (1) 귀국하게 됐대요　(2) 싶대요　(3) 된대요
(4) 연락하겠대요 / 연락한대요 / 연락할 거래요

02 -기에

1. (1) 가기에　(2) 살기에(는)　(3) 포기하기에　(4) 배우기에

2. (1) 가기에　(2) 찍기에(도)　(3) 등산하기에　(4) 보기에

03 -냬요, -재요, -(으)래요

1. (1) 안나 씨가 오늘 날씨가 어떠냬요
(2) 마리 씨가 오늘은 비가 오니까 외출하지 말래요
(3) 흐엉 씨가 이번 주 일요일에 같이 영화 보러 가재요
(4) 율리아 씨가 아이에게 과자를 주래요

2. (1) 생일이냬요　(2) 만날 거냬요　(3) 하재요　(4) 남겨 달래요

04 -다니

1. (1) 방학이라니　(2) 살다니　(3) 떨어지다니　(4) 친하다니

2. (1) 생기다니　(2) 변하다니　(3) 쉽다니요　(4) 싸우다니

말해 봅시다

1. (1) ③　(2) ②　(3) ③　(4) ③

2. (1) ③　(2) ①　(3) ③

3. (1) ①　(2) ③　(3) ②

읽어 봅시다

1. (1) ②　(2) ③　(3) ①　2. (1) ②

써 봅시다

뮤지컬 '점프'의 가장 인상적인 점은 하늘을 나는 것 같은 신나고 유쾌한 액션 연기이다. 오른쪽, 왼쪽, 위, 아래로 그렇게 신나게 점프하다니 정말 눈을 뗄 수가 없었다. 공연이 끝날 때까지 내 눈도 오른쪽, 왼쪽, 위, 아래로 왔다 갔다 점프하는 즐거움으로 시간 가는 줄 몰랐다. 공연 내내 그렇게 열정적으로 연기하다니 정말 대단하다는 생각이 들었다. 기대 이상이었다.

스트레스를 풀기에 '점프'만큼 좋은 공연은 없을 것이다. 배우들의 신나는 점프를 보는 것만으로도 그동안 쌓인 스트레스를 확 풀 수 있었다. 그리고 오랜만에 친구와 같이 웃으면서 좋은 시간을 보내서 그런지 친구와 사이가 더 좋아진 것 같아 기분이 좋았다. 다음 달에 가족이 한국에 오면 가족과 함께 또 보러 가야겠다.

제9과 문제 해결 *Problem-Solving*

어휘

1. (1) ② (2) ④ (3) ① (4) ③

2. (1) 입금 (2) 연체료 (3) 잔액 (4) 환불

3. (1) ② (2) ②

4. (1) 발명됐는지
   (2) 판매되고
   (3) 변경됐어요
   (4) 완공돼 / 완공되는데 / 완공된대

준비합시다

01 –아/어지다

1. (1) 깼다 (2) 떨어져서 (3) 부러졌다 (4) 끊어졌다 (5) 지키지

2. (1) 꺼졌어요 (2) 쏟아졌어요 (3) 켜져요 (4) 지워져요 (5) 찢어졌어요

02 –아/어야지요

1. (1) 공부해야지 (2) 예매해야지요 (3) 가야지 (4) 해야지요

2. (1) 먹었어야지
   (2) 들었어야지요
   (3) 갔다 왔어야지요
   (4) 물어봤어야지요

03 –나 보다

1. (1) 마시나 봐요 (2) 결혼하나 봐요 (3) 왔나 봐요 (4) 없나 봐요

2. (1) 걸렸나 봐요 (2) 많았나 봐요 (3) 준비했나 봐요 (4) 아픈가 봐요

04 -(으)ㄹ 리가 없다

1. (1) 모를 리가 없어요
   (2) 갔을 리가 없어요
   (3) 안 했을 리가 없어요
   (4) 싫어할 리가 없어요

2. (1) 없을 리가 없어요
   (2) 떨어질 리가 없어요
   (3) 안 왔을 리가 없어요
   (4) 못할 리가 없어요
   (5) 6개월밖에 안 배웠을 리가 없어요

말해 봅시다

1. (1) ③ (2) ② (3) ③ (4) ①

2. (1) ② (2) ② (3) ③

3. (1) ② (2) ② (3) ①

읽어 봅시다

1. (1) ① (2) 손목시계가 10분 늦게 가고 있었기 때문에 (3) ②

2. (1) ③ (2) ②

써 봅시다

배달 상자 안에 있는 라면이 심하게 부서진 상태였습니다. 그리고 계란은 세 개나 깨진 상태였습니다. 게다가 깨진 계란이 상자 여기저기에 묻어서 상자에서 냄새가 났습니다. 기분이 안 좋았습니다. 그리고 이날은 다른 날보다 배달이 늦어서 많이 기다렸습니다. 그 날 점심으로 라면을 끓여 먹으려고 했었는데 먹지도 못했습니다.

제10과 꿈과 현실 *Dreams & Reality*

어휘

1. (1) 효도　(2) 적성　(3) 외계인　(4) 상상력　(5) 평균수명

2. (1) 창업할　(2) 마련하셨다면서요　(3) 가정해서

3. (1) 불행하다고　(2) 차분한　(3) 여유로운

4. (1) 헛되지　(2) 헛디뎌서　(4) 헛수고　(5) 헛살지

준비합시다

01 -ㄴ/는다면

1. (1) ①　(2) ④　(3) ②　(4) ③
(1) 태어난다면 거북이가 되고 싶다
(2) 있다면 건강하게 오래 살게 해 달라고 하고 싶다
(3) 먹는다면 건강이 나빠질 것이다
(4) 타지 않는다면 환경오염이 줄 것이다

2. (1) 25시간이라면　(2) 오면　(3) 멸망한다면　(4) 읽으면　(5) 돌아갈 수 있다면

02 -(으)ㄹ지도 모르다

1. (1) 잊어버렸을지도 몰라요
(2) 났을지도 몰라요
(3) 착각했을지도 몰라요
(4) 막힐지도 몰라요
(5) 잃었을지도 몰라요

2. (1) 추워질지도 몰라요
(2) 매진됐을지도 몰라요
(3) 있을지도 몰라요
(4) 도착했을지도 몰라요

03 -(으)ㄴ/는 편이다

1. (1) 사진을 잘 찍는 편입니다

(2) 바둑을 못 두는 편입니다
(3) 스노보드를 잘 타는 편입니다

2. (1) 작은 편이라서　(2) 마시는 편이에요　(3) 가까운 편이거든요　(5) 먹는 편이에요

04 -았/었더라면

1. (1) 들었더라면 우산을 챙겼을 겁니다
(2) 하지 않았더라면 꾸중을 듣지 않았을 겁니다
(4) 했더라면 성적이 많이 떨어지지 않았을 겁니다

2. (1) 자지 않았더라면 기차를 놓치지 않았을 거예요
(2) 얇게 입지 않았더라면 감기에 걸리지 않았을 거예요
(3) 먹지 않았더라면 눈이 붓지 않았을 거예요
(4) 가까이에서 보지 않았더라면 눈이 나빠지지 않았을 거예요

말해 봅시다

1. (1) ②　(2) ②　(3) ③　(4) ①

2. (1) ③　(2) ③　(3) ①

3. (1) ③　(2) ①　(3) ③

읽어 봅시다

1. (1) ③　(2) ③　(3) ③

2. (1) ③

써 봅시다

한국 사람들은 까치, 제비를 좋아하는 편입니다. 옛날부터 까치와 제비는 반가운 소식을 전해 주는 새라고 생각했습니다. 그래서 까치와 제비는 옛날이야기나 소설에서 좋은 이미지로 묘사됩니다. 또 반가운 소식을 가지고 온다고 생각해서 제비는 우편물을 전해 주는 우체국의 상징이 되었습니다. 특히 제비 중에서도 흰 제비는 드물기 때문에 행운을 가져다주는 새라고 생각했습니다.

제11과 사건과 사고 Event & Accident

어휘

1. (1) 자국　(2) 현장　(3) 피해

2. (1) 밟았어요　(2) 물어서　(3) 치어서　(4) 걸어

3. (1) 엉망이 됐어요　(2) 한잠도 못 잤어요　(3) 기억에 남는　(4) 의심이 가는

4. (1) 진찰받아　(2) 칭찬받고/칭찬받으면서　(3) 존경받는　(4) 인정받게

준비합시다

01 피동사

1. (1) 들렸다　(2) 보인다　(3) 풀었다　(4) 쌓이면　(5) 쫓기는　(6) 섞은

2. (1) 팔렸어요　(2) 끊겨요　(3) 잡혔어요　(4) 바뀌었어요

02 –아/어 놓다

1. (1) 달아 놓았어요　(2) 씻어 놓았어요　(3) 담아 놓았어요　(4) 포장해 놓겠습니다

2. (1) 세워 놓았다
(2) 찾아 놓았다
(3) 추천받아 놓았다
(4) 싸 놓았다
(5) 연락해 놓았다

03 –(으)니까

1. (1) ③　(2) ①　(3) ②
(1) 여니까 잃어버렸다고 생각했던 수첩이 있었다
(2) 나가니까 비가 오고 있었다
(3) 눈을 뜨니까 가족들이 침대 옆에 앉아 있었다

2. (1) 보니까　(2) 가니까　(3) 들으니까　(4) 입어 보니까

04 -아/어 있다

1. (1) 살고　(2) 쌓여　(3) 붙이고　(4) 와

2. (1) 엉망이 돼 있었다
   (2) 열려 있었고
   (3) 깨져 있었다
   (4) 놓여 있었고
   (5) 나 있었다
   (6) 걸려 있던
   (7) 떨어져 있었다
   (8) 쓰여 있었다

말해 봅시다

1. (1) ①　(2) ③　(3) ③　(4) ③

2. (1) ②　(2) ②　(3) ③

3. (1) ①　(2) ①　(3) ③

읽어 봅시다

1. (1) ③　(2) ②　(3) ③　(4) ②

2. (1) ③　(2) ①

써 봅시다

그래서 항상 햇볕이 잘 들어와 따뜻합니다. 제 책상은 기역자 모양으로 놓여 있습니다. 책상 앞에는 의자가 하나 놓여 있습니다. 책상 위에는 제가 매일 보고 확인해야 하는 서류들이 쌓여 있고 달력이 하나 놓여 있습니다. 달력에는 중요한 일정들이 쓰여 있습니다. 가끔 여직원이 제 책상 위에 있는 꽃병에 꽃을 꽂아 주는데 지금은 빈 꽃병만 놓여 있습니다. 창문 밑에 벽에는 여자 친구와 찍은 사진이 붙어 있습니다. 그리고 오른쪽 책상 위에 컴퓨터가 놓여 있습니다. 컴퓨터에는 많은 자료들이 저장되어 있어 저에게는 너무 중요합니다. 저는 출근하면 제일 먼저 컴퓨터를 켜고 달력에서 일정을 확인하면서 하루를 시작합니다.

제12과 직장 생활 *Working Life*

어휘

1. (1) 입사했어요 (2) 승진한 / 승진하신 (3) 퇴직한 / 퇴직하신

2. (1) 업무 (2) 취업난 (3) 거래처

3. (1) 무책임한 (2) 까다로워서 (3) 드문 (4) 경솔하게

4. (1) 월급쟁이 (2) 수다쟁이 (3) 겁쟁이 (4) 고집쟁이

준비합시다

01 -았/었으면 좋겠다

1. (1) 조퇴를 했으면 좋겠어요
(2) 운전면허를 땄으면 좋겠어요
(3) 보육 시설이 생겼으면 좋겠어요
(4) 연봉이 올랐으면 좋겠어요

2. (1) 잘했으면 좋겠어요
(2) 지나갔으면 좋겠어요
(3) 맛있었으면 좋겠어요

02 -(으)ㄴ/는지

1. (1) ③ (2) ① (3) ②
(1) 많이 오는지 우산을 썼지만 옷이 다 젖었다
(2) 많이 올랐는지 생활비가 많이 들어서 힘들다
(3) 많이 먹었는지 저녁을 못 먹겠다

2. (1) 높은지 (2) 예쁜지 (3) 많은지 (4) 복잡한지

03 -(으)ㄴ/는 데다가

1. (1) ② (2) ③ (3) ①
(1) 건강에 좋은 데다가 맛도 좋다
(2) 기타를 잘 치는 데다가 노래도 잘 부른다
(3) 가격이 저렴한 데다가 예쁜 옷도 많다

2. (1) 도와주는 데다가　(2) 먹은 데다가　(3) 먼 데다가　(4) 있는 데다가

04 -다 보니까

1. (1) ②　(2) ③　(3) ①

(1) 지내다 보니까 시간이 어떻게 지나가는지 모르겠다
(2) 오래 살다 보니까 한국이 고향처럼 느껴진다
(3) 운동하다 보니까 다리에 근육이 생겼다

2. (1) 사용하다 보니까　(2) 먹다 보니까　(3) 다니다 보니까　(4) 신다 보니까

말해 봅시다

1. (1) ③　(2) ③　(3) ③　(4) ③

2. (1) ①　(2) ①　(3) ②

3. (1) ②　(2) ②　(3) ③

읽어 봅시다

1. (1) ③　(2) ③　(3) ①

2. (1) ③

써 봅시다

잠시 후 텔레비전에서 많이 봤던 기자가 들어와서 시험 과정에 대해 설명해 주었다. 그리고 잠시 후 기사 쓰기 시험이 시작됐다. 모두들 진지하게 시험을 보는 것 같았다. 나도 열심히 기사를 써 내려갔다. 그런데 시간이 얼마나 빨리 지나는지 기사를 시간 안에 다 쓰지 못하고 내야 했다. 아, 정말 속상했다. 그런데 곧이어 카메라 테스트가 시작되었다. 카메라 앞에서 기사를 읽는데 어찌나 긴장이 되는지 목소리가 떨려서 기사를 제대로 읽을 수가 없었다. 그리고 다리도 떨리는 데다가 손에서는 땀이 났다.

제13과 대인 관계 *Relationship*

어휘

1. (1) 부쩍 (2) 무심코 (3) 오히려

2. (1) 원만하고 (2) 설득했군요 (3) 부딪쳐요

3. (1) ② (2) ①

4. (1) 얼굴이 두꺼운지
(2) 얼굴을 들
(3) 얼굴이 반쪽이 됐어요
(4) 얼굴이 뜨겁게

준비합시다

01 -(으)려던 참이다

1. (1) 들어가려던 참이었어(요)
(2) 이야기하려던 참이었는데
(3) 열려던 참이었어요

2. (1) 전화를 하려던 참이었어요
(2) 갈 거예요
(3) 켜려던 참이었어요
(4) 여행하려고 해요

02 -느라고

1. (1) 다니느라고 (2) 하느라고 (3) 노느라고 (4) 읽느라고 (5) 키우(시)느라고

2. (1) 보느라고 (2) 준비하느라고 (3) 일어나서 (4) 화장하느라고 (5) 타서

03 -(으)ㄹ 수밖에 없다

1. (1) 늦을 수밖에 없었어요
(2) 살 수밖에 없겠어요
(3) 귀국할 수밖에 없어요
(4) 헤어질 수밖에 없었어요

2. (1) 걸어갈 수밖에 없겠어요
(2) 시킬 수밖에 없었어요
(3) 기다릴 수밖에 없어요
(4) 참을 수밖에

04 -(으)ㄴ/는 김에

1. (1) ② (2) ③ (3) ①
(1) 출장을 가는 김에 여행도 하고 오려고 한다
(2) 준비하는 김에 내일 아침 식사도 준비하려고 한다
(3) 온 김에 인사나 하고 가려고 들렀다

2. (1) 시작한 김에 (2) 나가는 김에 (3) 만드는 김에 (4) 나온 김에

말해 봅시다

1. (1) ③ (2) ③ (3) ② (4) ③

2. (1) ② (2) ① (3) ②

3. (1) ② (2) 웬만하면 / 가능하면 / 될 수 있으면 (3) ③

읽어 봅시다

1. (1) ③ (2) ② (3) ②

2. (1) ③ (2) ②

써 봅시다

시험 준비를 잘 하지 않는 사람들도 있다. 이런 유형은 공부에 대한 의욕이 별로 없기 때문에 마지막까지 시험 준비를 하지 않는다. 그래서 시험 전에 밤을 새울 수밖에 없고 시간적인 여유가 없어서 몸도 힘들 뿐만 아니라 스트레스도 많이 받는다.

제14과 외국 생활 *Living Abroad*

어휘

1. (1) 긴장해서　(2) 오해했는데　(3) 양보하는

2. (1) 살살　(2) 가지런히　(3) 벌떡　(4) 무사히

3. (1) 예의에 어긋나는　(2) 입에 맞지　(3) 무릎을 꿇고

4. (1) 맨입　(2) 맨발　(3) 맨바닥　(4) 맨밥　(5) 맨손

준비합시다

01 -(으)ㄴ/는 척하다

1. (1) 본 척했다　(2) 자는 척했다　(3) 아는 척하면서　(4) 읽은 척했다

2. (1) 공부하는 척했어요
(2) 잊어버린 척했어요
(3) 추운 척했어요
(4) 재미있는 척했어요

02 -(으)ㄴ 채로

1. (1) 화장을 안 지운 채로 잠이 들었다
(2) 카메라에 배터리를 넣지 않은 채로 사진을 찍었다
(3) 지하철 선반에 가방을 올려놓은 채로 지하철에서 내렸다

2. (1) 신은 채로　(2) 둔 채로　(3) 켠 채로

03 -(으)ㄹ 뻔하다

1. (1) 수업에 늦을 뻔했다
(2) 교통사고가 날 뻔했다
(3) 버스에서 넘어질 뻔했다
(4) 친구를 못 만날 뻔했다

2. (1) 없어질 뻔했어요
(2) 잃을 뻔했는데
(3) 큰일 날 뻔했네요

(4) 포기할 뻔했어요

04 -(으)ㄹ 테니까

1. (1) 닦을 테니까
   (2) 잡아 줄 테니까
   (3) 맡을 테니까
2. (1) 교환해 드릴 테니까 영수증을 보여 주세요
   (2) 찾아볼 테니까 여기에서 잠깐만 기다려 주세요
   (3) 환불해 드릴 테니까 계산할 때 사용한 카드를 주시겠어요

말해 봅시다

1. (1) ③ (2) ② (3) ③ (4) ③
2. (1) ③ (2) ② (3) ③
3. (1) ① (2) ③ (3) ②

읽어 봅시다

1. (1) ③ (2) ②
2. (1) ② (2) ①

써 봅시다

그런데 그때 친구들이 모두 냄비에 각자의 숟가락을 넣고 먹기 시작하는 것이었다. 한 냄비에 있는 찌개를 같이 먹는 것을 보고 놀랐지만 아무렇지 않은 척하면서 계속 숟가락만 든 채로 있었다. 그런 나를 보고 한국 친구들이 한국에서는 한 그릇으로 같이 먹는다고 설명해 주었다. 그렇게 밥을 함께 나누어 먹으면서 정을 쌓아간다고 했다.

제15과 인생과 선택 *Life & Choice*

어휘

1. (1) ① (2) ④ (3) ② (4) ③ (5) ⑤

2. (1) 쏜살같이 (2) 밤낮없이 (3) 남몰래 (4) 계획대로

3. (1) 꼽아요 (2) 유망한 (3) 서먹해 (4) 극복하지

4. (1) 미래가 밝다는
   (2) 미래를 준비하고 있어요
   (3) 미래를 내다보는
   (4) 미래가 불투명한

준비합시다

01 -아/어 오다

1. (1) 해 왔어요 (2) 들어 왔어요 (3) 써 왔는데

2. (1) 살아와서 (2) 배워 오면서 (3) 도와 왔대요 (4) 연습해 오다가

02 -곤 하다

1. (1) 가곤 해요 (2) 듣곤 해요 (3) 보내곤 했어요 (4) 연습하곤 했어요

2. (1) 아르바이트를 하곤 했어요
   (2) 드라마를 보곤 해요
   (3) 소설책을 읽곤 해요
   (4) 머리를 식히곤 해요

03 -다 보면

1. (1) 하다 보면 (2) 보다 보면 (3) 하다 보면 (4) 가다 보면 (5) 젓다 보면

2. (1) 하다 보니까
   (2) 읽다 보면
   (3) 보다 보니까
   (4) 이야기하다 보니까
   (5) 상대하다 보면

04 -(으)려다가

1. (1) 만나려다가　(2) 가려다가　(3) 드리려다가　(4) 들으려다가
2. (1) 쉬려다가　(2) 도전해 보려다가　(3) 살려다가　(4) 지으려다가

말해 봅시다

1. (1) ③　(2) ②　(3) ③　(4) ②
2. (1) ③　(2) ①　(3) ③
3. (1) ②　(2) ②　(3) ②

읽어 봅시다

1. (1) ①
   (2) ③
   (3) 자신에게 힘이 되어 주는 노래를 다른 사람들을 위해서 불러 보고 싶다는 생각이 들어서 그때부터 가수가 될 꿈을 키우기 시작했다.
2. (1) ①　(2) ①

써 봅시다

고향을 떠나 처음 시작한 외국 생활은 그렇게 쉽지 않았어. 너는 무척이나 외로웠고 가끔은 고향에 돌아가고 싶다는 생각을 하곤 했지. 하지만 너는 외국 생활의 어려움과 외로움을 모두 극복하고 최고의 성적으로 대학원을 마쳤지. 그때 너는 정말로 멋졌어.

그리고 너는 곧장 고향으로 돌아가서 방송국에서 일을 시작했지. 그때 너는 좋은 프로그램을 만들기 위해 정말 밤낮없이 일했잖아. 네가 만든 프로그램이 좋은 방송으로 인정받을 때마다 너는 정말 가슴 뿌듯하고 보람을 느꼈지.

지은이 소개

구재희 이화여자대학교 언어교육원 강사
이화여자대학교 국어국문학과 박사

현진희 전 이화여자대학교 언어교육원 강사
상명대학교 일어일문학과 석사

이소영 전 이화여자대학교 언어교육원 강사
이화여자대학교 교육대학원 외국어로서의 한국어교육 전공 석사

김민선 전 이화여자대학교 언어교육원 전임강사
이화여자대학교 한국학과 박사

황선영 전 이화여자대학교 언어교육원 강사
이화여자대학교 한국학과 박사